Las delicias de Ella

recetas sanas para compartir

con amigos

Las delicias de Ella

recetas sanas para compartir

con amigos

fun & food

salamandra

*Dedico este libro, como todo lo que hago, a mis lectores.
Gracias por darme la oportunidad de compartir salud
y felicidad con todos vosotros cada día. Vuestro amor
por mis recetas me inspira mucho más de lo que aquí
puedo expresar.*

*También se lo dedico a mi marido, Matthew, y a nuestro
extraordinario equipo de Deliciously Ella y MaE Deli;
nada de esto sería posible sin su apoyo y su cariño.*

CONTENIDO

INTRODUCCIÓN

Durante los últimos años, ha sido fantástico ver lo popular que se ha vuelto la alimentación saludable. Me emociono de verdad cuando la gente descubre lo bien que se siente comiendo alimentos nutritivos. Aun así, lo mejor de todo es que empieza a evidenciarse lo increíblemente placentero que puede ser llevar una vida sana. Sabrosas montañas de panqueques de arándanos con bocaditos de plátano caramelizado, manteca de almendra y cacao crujiente, boles de fideos de boniato con una cremosa salsa satay, cebiches de mango y champiñones, o tartas de chocolate y naranja se imponen al estereotipo de que en la alimentación saludable todo es lechuga y pepino.

Muchos de mis lectores me cuentan que les encanta consumir alimentos integrales y que les gustaría incorporar más platos vegetarianos en su dieta, pero como sus maridos, esposas, hijos o amigos no lo tienen muy claro, no acaban de decidirse a probar nuevas recetas ricas en verduras. Además, a muchos les cuesta saber qué cocinar y cómo deben combinar los menús cuando tienen invitados, en especial si son novatos en este tipo de alimentación. Cuando me inicié en la dieta vegetariana, también me resultaba difícil saber qué platos se complementaban mejor. En este sentido, más de una cena con amigos fue un auténtico desastre y estoy segura de que se levantaron de la mesa pensando que estaba un poco loca... La buena noticia es que este libro está concebido precisamente para ayudarte en todos estos casos.

En cada capítulo encontrarás propuestas deliciosas. Para empezar, llenaré tus mañanas con desayunos y brunches; a continuación, descubrirás platos ligeros que siempre combinan bien con todo, junto con menús saludables y banquetes para celebraciones, guarniciones básicas y recetas imprescindibles para fiestas; y, por último, los favoritos de todo el mundo, los postres. También te propongo menús que están pensados para cubrir todas las necesidades de la vida social, como un brunch especial para chicas, desayunos para llevar, platos elaborados con lo básico de

la despensa o para comer en el trabajo, recetas reconfortantes para lidiar con el frío, propuestas para una fiesta mexicana y otras sugerencias, como un riquísimo almuerzo dominical, pensadas para impresionar a los más escépticos. El objetivo es que el libro te ayude a inspirarte y descubrir cómo combinar mis platos y que consigas así convencer a amistades y familiares de que prueben versiones más saludables de su comida favorita. Además, aprenderás a preparar más de cien recetas nuevas y maravillosas, y serás capaz de elaborar mil y una delicias, desde pastel de manteca de cacahuete y mermelada hasta quesadillas con alubias y ajo, crema agria de anacardos y guacamole, *rocky roads* de manteca de almendra, risotto de guisantes, calabacín y coco, chile de garbanzos con boniatos al horno, e incluso un pastel de chocolate y manteca de cacahuete... Ponte el delantal, porque estas páginas están llenas de sabor.

Empezaremos con mis recetas favoritas para el desayuno, como los menús para llevar, compuestos por pequeñas porciones de crumble de arándanos o por barritas de manteca de almendra o de miel y limón. También te propongo exquisitos brunches salados con rösti de boniato acompañados de alubias con sirope de arce y romero y de una buena capa de guacamole con hierbas aromáticas. Y, cómo no, una granola de coco y trigo sarraceno tostado, servida con unos boles de mango, piña y lima con yogur de maracuyá, además de tomates al horno con ajo, un revuelto de tofu con cúrcuma y pimiento rojo, y unos champiñones fritos con tomillo. Hay un sinfín de opciones, desde sencillos platos que podrás improvisar esas mañanas en las que vas con el tiempo justo, hasta elaborados brunches para compartir sin prisas durante el fin de semana.

Seguiremos con unas fantásticas recetas ligeras, perfectas para cenas rápidas entre semana o almuerzos fuera de casa. Así, descubrirás bocados frescos, como el cebiche de mango y champiñones, o los rollitos de sushi rellenos con «arroz» de coliflor, sésamo y aguacate; menús para relajarse después de un día de trabajo, como el compuesto por pastelitos de patata con especias y salsa de tomate con ajo, acompañados con judías verdes finas; además de ideas para un picnic, como las mazorcas de maíz a la brasa con aceite de coco y una colorida ensalada de pimiento, mango, pepino y cacahuete. Este capítulo está plagado de recetas populares, rápidas y fáciles de preparar, y sobre todo deliciosas... El pho de chile y jengibre, la ensalada de col con sésamo, la quinua con pistachos y orejones de albaricoque y los rollitos de verano con sésamo y sirope de arce son sólo algunos ejemplos de los grandes platos que encontrarás en él. Yo suelo prepararlos para Matt y para mí entre semana, cuando estamos en casa, o también cuando vienen amigos a cenar.

El capítulo siguiente incluye recetas para grandes banquetes y celebraciones. Se trata de los platos que me gusta cocinar cuando organizo una fiesta con muchos amigos y familiares, o cuando deseo impresionar a alguien. Te prometo que todas estas propuestas conseguirán convencer a los más escépticos de que comer sano no está reñido con el sabor y el placer. Aquí encontrarás muchísimas ideas, desde banquetes de estilo mexicano hasta curris con encurtidos caseros de lima, pasando por platos reconfortantes, como el pastel de tomate y berenjena acompañado con unos boles de espinacas con semillas de mostaza. Asimismo, te sugiero algunas recetas especiales para cuando organices una comida en el jardín o al aire libre, como los filetes de coliflor sobre un lecho de quinua al chile, el hummus de tomates secos y alubias, o el delicioso estofado de tres alubias servido con mango, pimientos y chile, y también cenas sencillas y económicas, como el chile de garbanzos con boniatos al horno. Hay para todos los gustos.

Después llega el turno de las guarniciones. Sin duda se trata de uno de mis capítulos favoritos, sobre todo por la gran cantidad de ingredientes, sabores y texturas que presentan. Me encanta usarlas como los clásicos acompañamientos, pero también es divertido preparar varias recetas de guarniciones, mezclarlas en un bol y crear así un plato completo, que siempre resulta vistoso y sabe genial. Todas me vuelven loca, pero los plátanos al

horno con salsa dulce de chile, el puré de patata con cúrcuma y semillas de mostaza, las berenjenas glaseadas con miso y sésamo, o los aguacates picantes al horno con salsa de lima, anacardos y cilantro son realmente irresistibles. Creo que todo el mundo debería probar estas recetas al menos una vez. Y te lo advierto, es posible que algunas de ellas se conviertan en una comida imprescindible para ti. Además, como este capítulo incluye una gran variedad de platos, seguro que encontrarás el adecuado para cada paladar y cada ocasión. Otro aspecto maravilloso de estas recetas es que se pueden mezclar y combinar con cualquier otra comida, con lo que si todavía no estás preparado para adoptar el estilo de Ella por completo, puedes incorporarlas a los platos que suelas cocinar. De este modo, experimentarás con nuevos ingredientes y el cambio será paulatino y no te agobiarás. Y si consumes carne, también es una manera fantástica de introducir alimentos vegetarianos y nutritivos en tu dieta. Con un poco de suerte, su sabor te entusiasmará.

Para que sea aún más divertido, dedico un capítulo entero a las fiestas, con aperitivos, cócteles —con y sin alcohol— e incluso tés de cumpleaños. Podrás servir una gran variedad de tapas, como unos pimientos de Padrón asados con salsa de anacardos y chipotle, unas chips de tortilla ahumadas con baba ganoush, unos rollitos de berenjena con tzatziki de coco a la menta, unas minipatatas al horno con crema agria de anacardos y cebollino, o unos bocaditos de pizza socca. Para acompañarlas, te propongo una lista de cócteles que puedes tomarte mientras charlas con tus amigos, como la piña con soda y cayena o un refresco de sandía y pepino. Y para terminar el capítulo, algunas ideas para una fantástica tarde de té, con muffins glaseados de jengibre, un pastel de plátano y pasas o unas sencillas rebanadas de centeno con pepino y hummus de alubias al limón. Y si lo que se celebra es un cumpleaños, unas deliciosas tortas de avena con manteca de cacahuete y miel, unos scones de arándanos con crema de vainilla y coco y un delicioso pastel de tres pisos. Creo que este capítulo acabará de demostrar a tus amistades y familiares que una alimentación sana puede ser deliciosa y apta para todos los públicos, y que nada tiene que ver con la idea de cenar ensalada de col kale todos los días, a solas, en casa... Son platos magníficos para una gran cena con invitados, sabrosos y saludables de principio a fin.

He dejado para el final del libro los mejores postres con los que poner el broche de oro a una comida. Sé que a mis lectores les encanta el dulce, así que en este capítulo encontrarás algunas propuestas con las que vas a triunfar. Estoy segura de que disfrutarás preparando estos postres, comiéndotelos y compartiéndolos (¡si queda algo cuando lleguen tus amigos!). Hay verdaderas delicias, como las trufas de pistacho y naranja, el granizado de sandía y menta, las manzanas con cardamomo y miel, o las frutas del bosque con salsa cremosa de chocolate y frutos secos tostados, todos ellos perfectos si buscas algo ligero para terminar. También te sugiero una serie de fabulosos tentempiés, como los bomboncitos salados de tahina y maca, unas cookies de naranja y cardamomo y, mis favoritos, las barritas de quinua, avellana y cacao, que van de maravilla cuando estás fuera de casa. Si deseas algo más consistente y tentador, al final de este capítulo descubrirás otras exquisiteces, como un pastel de chocolate y manteca de cacahuete, otro de polenta con glaseado de naranja e incluso un suculento pudin con salsa de toffee. Hay para todos los gustos, y estos postres también les encantarán a tus familiares y amigos.

Espero que las recetas, ideas y menús del libro te inspiren para cocinar y que disfrutes de estos platos increíbles con tus seres queridos. Naturalmente, puedes usarlo como te convenga. Todas las recetas están tan buenas que, en mi caso, no paro de prepararlas por separado; además, es evidente que no vas a cocinar una cena de tres platos cada día... Tan sólo las he agrupado para ayudarte a saber lo que combina mejor y darte seguridad en la cocina.

CÓMO HACER ACCESIBLE PARA TODOS UNA ALIMENTACIÓN SALUDABLE

Cuando hablo de compartir este tipo de comida con los demás, incluso con aquellas personas que se muestran más escépticas en relación con la cocina vegetariana, una de las cuestiones en las que hago hincapié es que comer bien no tiene nada que ver con etiquetas, ni con sentirse culpable o imponerse una determinada dieta y forzar a los que te rodean a seguirla. Es muy importante recordarlo, sobre todo si deseas introducir a tus amistades o familiares en este tipo de alimentación, pues no deben estar agobiados ni intimidados.

La comida es un tema muy personal, y todos somos diferentes. Tenemos cuerpos, historiales médicos, genes, estilos de vida y gustos distintos. Estoy convencida de que todo el mundo se siente mejor —tanto física como mentalmente— con una dieta rica en frutas, verduras, frutos secos, semillas, legumbres y cereales, y baja en azúcares refinados o alimentos procesados. Pero, dicho esto, cada uno debe tomar sus propias decisiones y no pasa nada si las tuyas son distintas de las de tus seres queridos. Sólo tú sabes lo que te es práctico, lo que disfrutas y lo que se adapta mejor a tu estilo de vida y, como sucede con todas las cosas, no existe un único modelo válido para todo el mundo.

Llevar una alimentación saludable significa comer de una forma que te haga feliz o que te haga sentir en forma —que puede constar de unas porciones de crumble de arándanos para desayunar, una ensalada de patata y alubias al limón para almorzar, y una pizza con un poco de vino para cenar con tus amigos— y ya está. Se trata de tu cuerpo y de tu vida. Os animo a todos a que cuidéis bien vuestro cuerpo. Lo que no me gustaría es que nadie se sintiera culpable porque no come siempre de una manera «perfecta». Además, la perfección sólo se da cuando encuentras tu propio equilibrio, sea el que sea.

Este libro se basa en alimentos naturales y de origen vegetal. Todas las recetas son vegetarianas y sin trigo, pero no hay etiquetas. Se trata sólo de comida deliciosa pensada para que estés bien y que podrás adaptar en cualquier caso. Cuando lo leas, no pienses que debes formar parte de alguna «categoría» dietética, porque ponerte una etiqueta específica puede resultar muy restrictivo. No debes creer que estás menos sana por no ser crudívora, o vegetariana, o por no seguir una dieta paleo, o una sin cereales, o sin gluten, o sin trigo o de cualquier otro tipo. Puedes ser un poco de cada una de ellas, sólo se trata de que uno sea honesto y fiel a lo que lo haga sentir mejor, porque al fin y al cabo, la solución tal vez sea una mezcla de todo. Por supuesto, esto también puede significar seguir un determinado modelo, pero en ningún caso te sientas mal si no lo haces. De la misma manera, tampoco hay que encasillar a conocidos o seres queridos. No olvides que una alimentación saludable nunca ha de ser imperativa ni restrictiva.

Otro aspecto que debe tenerse en cuenta es que, en mayor o menor grado, todos deseamos comer sano y eso es fantástico. Personalmente, como así porque me gusta, pero también porque es la única forma de mantener a raya mi enfermedad. Yo quiero —y debo— seguir una dieta nutritiva. Sin embargo, por el hecho de que yo me alimente así a diario, tú no debes sentirte mal si no haces lo mismo. Tampoco culpes a los demás si no están dispuestos a comer sano durante todo el día. Anímalos, en cambio, a que añadan más alimentos naturales a su dieta y felicítalos por sus pequeños avances en lugar de fijarte en todo aquello que piensas que podrían hacer de una forma distinta. Todos respondemos mejor a lo positivo que a lo negativo.

Por tanto, recuerda que si propones este tipo de alimentación a tus amigos y familiares, es importante que sepan que puede seguirse una dieta saludable y ser flexible al mismo tiempo, y que dos personas no tienen por qué comer lo mismo aunque vivan o pasen tiempo juntas. Cada uno tiene un punto de partida, y es mucho mejor adoptar hábitos saludables de una forma gradual que hacerlo de golpe y luego, al cabo de cuatro días, rendirte porque odias vivir a base de ensaladas de col kale.

Encuentra tu propio equilibrio y el de los tuyos, incorpora ingredientes integrales y alimentos nutritivos siempre que te sea posible y, lo más importante, no te amargues ni hagas que los demás se agobien si consumen algo que no es supersaludable... ¡La vida es demasiado corta para no disfrutarla!

MI EXPERIENCIA

Hace más o menos cinco años, cuando empecé a comer de esta manera, mis amigos y familiares me tomaron por loca. Al cambiar de dieta, me apoyaron porque estaba muy enferma y querían mostrarme su entusiasmo por todo aquello que yo consideraba que podía ayudar a que me sintiera mejor, pero no tenían ni idea de en qué iba a consistir mi alimentación y pensaban que sería una experiencia gastronómica de lo más deprimente. No obstante, me alegra decir que les demostré que estaban equivocados: enseguida les encantó y estos alimentos se han convertido en una parte importante de sus vidas. Sólo tuve que añadir guarniciones de Deliciously Ella en las comidas para covencerlos. Permitirles seguir disfrutando de sus platos familiares y de su dieta habitual hizo que se mostraran más predispuestos a probar algo diferente, ya que resultaba menos extraño y abrumador. Al poco tiempo, comenzaron a pedir platos de mi dieta sin que yo se lo sugiriese, y ahora incluso los preparan aunque yo no esté.

Es cierto que al principio, cuando empecé a disfrutar de esta fabulosa alimentación, me sentí algo sola, así que supuso una verdadera alegría constatar luego que a mis amistades y familiares también les encantaba. Y es que siempre he creído que cocinar los platos que te gustan para tus seres queridos y disfrutarlos juntos es algo muy especial. Lo he comprobado en casa y en el trabajo, ya que Deliciously Ella se ha expandido a *supper clubs* y al MaE Deli.

Una de las razones por las que creo que mis *supper clubs* son tan populares es porque mucha gente los considera una excelente ocasión para presentar la comida que les gusta a sus seres queridos, así que suelen llevar a compañeros, parejas y amigos. Siempre los organizo en lugares acogedores en los que propongo grandes menús con platos muy variados que puedan satisfacer los deseos y las necesidades de todo el mundo. Procuro incluir platos familiares, como estofados con arroz integral y brownies, y debo decir que es lo primero que pide la gente. Y el mismo éxito se ha dado con la comida tradicional en el MaE Deli. De entre el menú que hemos creado puedes elegir platos como el bol de falafel de boniatos, quinua vegetariana, brócoli asado y hummus especiado, pero también puedes llevar a un amigo escéptico al local y disfrutará con un gran bol de arroz integral con curri tailandés y pollo ecológico. No deja de sorprenderme lo bien que funciona esta manera de introducir hábitos más saludables a otras personas. Además, me encanta porque une a la gente: es genial ver como alguien que —igual que yo— no puede comer muchas cosas, pide algo del menú y lo comparte con un ser querido.

Para ser sincera, espero que tus amistades y familiares también se animen y podáis compartir las mismas delicias.

CONSEJOS PARA ANIMAR A TUS AMIGOS Y FAMILIARES A ESTAR MÁS SANOS

1 ANTEPÓN LA COMIDA FAMILIAR

Si invitas a cenar a alguien realmente escéptico o quieres que algún pariente poco convencido pruebe una comida más sana, cocina algo con un sabor y un aspecto que le resulten familiares. Opta por un clásico con un toque saludable, como por ejemplo el banquete indio de este libro, con boles de arroz al coco, chana masala y aloo gobi. Es una comida perfecta, ya que tus invitados no pensarán «¿Qué es esto? ¡Parece demasiado sano!» y evitarás que decidan que no les gusta incluso antes de probarlo. Además, como es un plato muy saciante,

seguro que saldrán de tu casa con la barriga llena. Por tanto, recuerda que es mejor tomárselo con calma y no ofrecer de golpe alimentos crudos ni nada que sea extraño o que les resulte intimidante.

2 PREDICA CON EL EJEMPLO

A nadie le gusta que le echen un sermón o le hagan sentirse culpable, sobre todo si se trata de algo relacionado con la comida, ya que suelen mezclarse emociones y, quizá también, inseguridades profundamente arraigadas. No te refieras a la comida como «buena» o «mala» para la salud. Los calificativos no tienen sentido si sirven para culpabilizar. Demuestra en cambio lo deliciosa y saludable que puede ser. Prepara platos sabrosos y nutritivos para tus amigos y anímalos a que los prueben, pero sin decirles por qué son mucho mejores que los que suelen comer. Limítate a cocinar y compártelo todo de una forma natural; fue así como convencí a mis amigos y a mi familia. Si quieres animar a los tuyos con los beneficios de una alimentación sana, diles lo bien que te sientes desde que empezaste a incorporar más alimentos integrales a tu dieta y cómo han mejorado tus niveles de energía —y todo lo demás—, pero sin hacerte pesado.

3 ES BUENO ADAPTAR RECETAS

Como apunté antes, una alimentación sana no implica tener que encasillarte ni obligarte a comer algo que no te gusta. Si estás empezando o intentas involucrar a los tuyos, no dudes en adaptar cualquiera de mis recetas para hacerlas más accesibles. Si incorporar pollo, pescado, queso o huevos ayuda a que tus seres queridos prueben algo nuevo, hazlo sin pensarlo. Será genial si logras que se muestren más receptivos y disfruten de la comida. Además, no les parecerá tan ajeno y creo que ésa es la mejor manera de enfocarlo.

4 NO LO CAMBIES TODO DE GOLPE

No tienes por qué replantearte toda tu dieta de la noche a la mañana. No hay fechas marcadas ni ninguna prisa para cambiar de estilo de vida. Se trata de buscar una manera divertida y sostenible de comer que te haga feliz, y no importa en absoluto cuánto tiempo tardes en conseguirlo. Empieza siendo positiva y añadiendo poco a poco ingredientes más beneficiosos. Incorpora platos nuevos vegetarianos a lo largo de la semana, pero sin descartar tus favoritos; permite que coexistan mientras te vas acostumbrando a nuevas formas de comer y cocinar. Deja pasar todo el tiempo que sea necesario para que tú y los tuyos empecéis a apreciar los nuevos ingredientes, texturas y sabores. Y, lo más importante: si algo no te gusta, no te lo reproches. No es obligatorio que te encanten todas las frutas y verduras. Yo tampoco las tolero todas —nunca me veréis comer lechuga iceberg o pimientos verdes, por ejemplo— y no pasa nada, porque hay muchos otros ingredientes deliciosos con los que experimentar.

5 NO SEAS DEMASIADO ESTRICTA CONTIGO NI CON LOS DEMÁS

Es muy importante recordar que nadie es perfecto y que tampoco tiene sentido luchar por serlo, pues la perfección no existe. Esta premisa puede aplicarse a todas las facetas de la vida, pero creo que conviene tenerlo en cuenta especialmente en el tema de la alimentación. Cuando se trata de qué comemos y cómo, sólo debemos atenernos a lo que nos haga sentir más felices y no olvidar nunca que cada persona es distinta. La alimentación es

una parte fundamental de nuestras vidas, de modo que estresarte cada vez que te sientas a comer le quita toda la gracia a algo que debes desear y saborear. Por tanto, busca un equilibrio que te haga disfrutar y, si te apartas un poco de tu plan de comida saludable, no desesperes, ya encontrarás la manera de recuperarlo. ¡Al fin y al cabo, somos humanos! Como hace falta tiempo para que un cambio en la vida se convierta en un hábito, tras el primer día no esperes despertarte con el antojo de comer quinua; es poco probable que eso suceda. No pasa nada, simplemente acepta la situación y, sobre todo, no juzgues lo que te apetece comer, no te prives... e intenta incorporar algo saludable de acompañamiento.

6 HAZ QUE LA COMIDA RESULTE ATRACTIVA

Concéntrate en hacer que la comida que sirves tenga un aspecto apetitoso. Puede parecer una pérdida de tiempo, pero no lo es. Puesto que las personas comemos primero con los ojos, es necesario que un plato incite a saborearlo, sobre todo si intentas animar a alguien nuevo a que lo pruebe. Si a tus invitados les seducen —les entran por la vista— los platos que les has preparado, es probable que estén más predispuestos a que les gusten. Ésta es una de las cuestiones más importantes para mí y para Deliciously Ella, como habréis podido apreciar en el blog y en Instagram. Muchos lectores me han confesado que se han decidido a probar un plato nuevo porque tenía un aspecto fantástico, a pesar de que al principio pensaban que no les gustaría. Y ahora les encanta. No hace falta mucho tiempo para mejorar un plato visualmente, sólo debes servirlo en una bandeja bonita y limpia —mejor que en el recipiente que has usado para prepararlo— y añadirle algo de color y textura con aliños, hierbas aromáticas y otros ingredientes, como unos frutos secos o un poco de granada.

7 MANTÉN EN SECRETO LOS INGREDIENTES
Puede sonar un poco extraño, pero creo que la gente es más objetiva cuando no sabe que un plato incorpora cierto ingrediente. Muchos de nosotros estamos convencidos de que no soportamos determinados sabores o texturas, pero si los probamos en otro contexto, a menudo acaban gustándonos. En muchas ocasiones, he oído decir a mis amigos «odio los dátiles» y después resulta que les encantan mis *rocky roads* de manteca de almendra y se comen tres, o dicen que no pueden con el cilantro y, sin embargo, adoran los pastelitos de patata con especias. Sobre todo, si se trata de un solo ingrediente entre muchos otros, vale la pena mantenerlo en secreto para que prueben el plato con una buena predisposición. Creo que el resultado os sorprenderá a todos, aunque, por supuesto, asegúrate primero de que nadie es alérgico a él. Si es un ingrediente principal y, por tanto, no es fácil disimularlo, puedes hacer hincapié en que lo has cocinado de un modo totalmente diferente y que lo combinas con sabores que les resultarán nuevos, para así demostrar que es muy distinto de como lo han podido comer antes; también suele funcionar. Haz todo lo posible para animar a los tuyos a que prueben nuevos alimentos con una mentalidad abierta, y tal vez consigas a unos cuantos seguidores más.
Espero que mis experiencias y los trucos que he aprendido para convencer a amistades y familiares a degustar nuevas recetas te sean muy útiles.
Y ahora: ¡A cocinar!

POR LA MAÑANA

DESAYUNOS Y BRUNCHES QUE TE ALEGRARÁN EL DÍA

POR LA MAÑANA

*Soy una persona a la que le gusta el desayuno. Creo de veras que es la comida
más importante del día y suele ser también la que más disfruto. Cuando voy
con prisa, cojo una barrita con miel y limón y una porción de crumble de
arándanos mientras salgo disparada por la puerta. Los días que dispongo
de más tiempo, preparo para Matt y para mí un bol de mango, piña y lima
con yogur de maracuyá o una granola de coco y trigo sarraceno tostado,
y así ambos podemos pasar unos minutos saboreándolos antes de empezar
el día. Los fines de semana, me gusta compartir con nuestros amigos largos
y relajados brunches en casa. En esas ocasiones, cocino platos más elaborados,
como los panqueques de arándanos acompañados de bocaditos de plátano
caramelizado y de manteca de almendra y cacao crujiente.*

MENÚS

LISTO PARA LLEVAR

Barritas para desayunar de miel y limón

Porciones de crumble de arándanos

Barritas de manteca de almendra

TIEMPO PARA NOSOTROS

Smoothie de naranja y frutos del bosque (smoothie de Matt)

Granola de coco y trigo sarraceno tostado

Bol de mango, piña y lima con yogur de maracuyá

BRUNCH DULCE

Panqueques de arándanos

Bocaditos de plátano caramelizado

Manteca de almendra y cacao crujiente

EL NUEVO DESAYUNO INGLÉS COMPLETO

Revuelto de tofu con cúrcuma y pimiento rojo

Champiñones fritos con tomillo

Tomates con ajo al horno

BRUNCH SALADO

Rösti de boniato

Garrofones con sirope de arce y romero

Guacamole de hierbas aromáticas

BARRITAS PARA DESAYUNAR DE MIEL Y LIMÓN

Estas barritas son sencillas de preparar y muy sabrosas, y resultan de lo más prácticas cuando estás fuera de casa. Además, como son aptas para congelarse, puedes preparar una buena tanda de una vez y te durarán una temporada. Y si te apetece tomar un tentempié dulce a media tarde, llévate una barrita más.

Para 8 barritas

SIN FRUTOS SECOS

1 cucharada de aceite de coco
3 cucharadas de miel líquida
el zumo y la ralladura fina de 1 limón
    sin encerar
1 cucharada de tahina
70 g de semillas de calabaza
6 dátiles Medjool deshuesados
110 g de avena
2 cucharadas de semillas de chía
una pizca de sal

Diluye el aceite de coco, la miel, el zumo de limón y la tahina en un cazo a fuego lento.

Pon las semillas de calabaza en un robot de cocina y pícalas en trozos gruesos. A continuación colócalas en un recipiente grande para mezclar. Tritura los dátiles en el robot hasta lograr una pasta pegajosa. Añádelos a las semillas de calabaza junto con el resto de los ingredientes, incluyendo el contenido del cazo (y sin olvidar la ralladura de limón). Mézclalo todo bien.

Forra una bandeja de hornear o un táper grande con papel vegetal, vierte la mezcla con una cuchara y presiónala de manera uniforme.

Guárdala en el frigorífico durante unas 2 horas para que cuaje y luego corta las barritas en cuadrados o rectángulos.

PORCIONES DE CRUMBLE DE ARÁNDANOS

Cada una o dos semanas preparo una gran cantidad de estas porciones de crumble,
y así siempre dispongo de algo para llevarme cuando salgo corriendo de casa para empezar
el día. Me simplifica las mañanas... y las hace mucho más deliciosas.

Para 16 porciones

SIN FRUTOS SECOS

PARA LA BASE

un chorrito de aceite de coco para untar
   el molde
375 g de avena
100 ml de leche de arroz integral u otra
   bebida vegetal
5 cucharadas de sirope de arce
½ cucharadita de canela molida

PARA EL RELLENO

300 g de arándanos
2 cucharadas de sirope de arce
6 dátiles Medjool, deshuesados y troceados
2 cucharaditas de arruruz molido

PARA LA COBERTURA

4 cucharadas de aceite de coco
2 cucharadas de miel
1 cucharadita de canela molida
½ cucharadita de jengibre molido
200 g de copos de avena jumbo

Precalienta el horno a 180 ºC
(160 ºC si es de convección).

Unta un molde cuadrado (de unos 20 cm)
para brownies con el aceite de coco.

Empezaremos por la base. Para ello, pon
todos los ingredientes en un robot de cocina
y tritúralos hasta que queden bien mezclados
pero sin llegar a darle una consistencia
homogénea y fina. Coloca la mezcla en el
molde y presiónala al máximo. Hornéala durante
15 minutos. Luego sácala y deja que se enfríe.

A continuación, prepara el relleno. Cuece
todos los ingredientes, salvo el arruruz, en
una cacerola con 50 ml de agua a fuego
medio durante unos 10 minutos, hasta que
los arándanos se hayan deshecho y la mezcla
adquiera el aspecto de una compota. Añade
el arruruz y 2 cucharaditas más de agua para
que espese. Deja que se enfríe.

Mientras tanto, elabora la cobertura: diluye
el aceite de coco, la miel y las especias
en un cazo, agrega la avena y remueve.

Vierte el relleno sobre la base y repártelo
bien. Después, incorpora la cobertura de
avena de modo que cubra todo el relleno
y presiónala ligeramente para compactarlo.
Hornea el crumble entre 25 y 30 minutos,
hasta que se dore por la parte de arriba.
Déjalo enfriar en el molde antes de cortarlo
en porciones.

BARRITAS DE MANTECA DE ALMENDRA

Estas barritas son una solución ideal para las mañanas ajetreadas. Tienen una textura sorprendente gracias a la jugosidad de las pasas, que contrasta con las chips de coco y las semillas de cáñamo. Para endulzarlas, utilizo dátiles y puré de manzana. Así no resultan demasiado empalagosas, lo que las convierte en una opción excelente para empezar el día.

Para 10-12 barritas

2 cucharadas de aceite de coco,
   más un chorrito para untar el molde
2 cucharadas de semillas de chía
12 dátiles Medjool deshuesados
200 g de avena
5 cucharadas de puré de manzana
   (*véase más abajo*)
2 cucharaditas de canela molida
4 cucharadas de semillas de cáñamo
   descascaradas
3 cucharadas de manteca de almendra
30 g de chips de coco
60 g de pasas
una pizca de sal

Precalienta el horno a 200 °C
(180 °C si es de convección).

Unta un molde de hornear de 26 × 18 cm con el aceite de coco.

Pon las semillas de chía en un vaso con 8 cucharadas de agua. Deja que reposen durante 20 minutos. Aumentarán de tamaño y se volverán gelatinosas.

Tritura los dátiles con las 2 cucharadas de aceite de coco en un robot de cocina.

Mezcla el resto de los ingredientes, incluyendo las semillas de chía, en un cuenco. Añade los dátiles y remueve hasta obtener una preparación homogénea.

Coloca la mezcla en el molde y presiónala. Hornéala durante unos 20 minutos o hasta que esté bien dorada.

CONSEJO

El puré de manzana es una buena opción para endulzar muchas recetas sin añadir azúcares refinados. Para prepararlo sólo debes pelar unas manzanas rojas, descorazonarlas y cortarlas en trozos grandes, que colocarás en una cacerola con 2 cm de agua. Cuécelas a fuego lento durante unos 40 minutos, o hasta que estén muy blandas, y luego tritúralas hasta lograr una consistencia sin grumos. Puedes conservar el puré en el frigorífico durante 5 días o congelarlo en raciones.

SMOOTHIE DE NARANJA Y FRUTOS DEL BOSQUE (SMOOTHIE DE MATT)

Durante el último año, he preparado este smoothie para Matt casi a diario. Le vuelve loco y, por suerte para mí, es muy fácil. Los frutos del bosque congelados le confieren una textura espesa, mientras que las naranjas y la miel añaden un toque dulce a cada sorbo. Combina a la perfección con el bol de mango, piña y lima coronado con granola crujiente (véanse las recetas en las págs. 30 y 29, respectivamente).

Para 1 vaso grande

SIN FRUTOS SECOS

2 naranjas

150 g de frutos del bosque congelados

100 ml de leche de arroz integral u otra
   bebida vegetal

½ cucharadita de miel (opcional)

Corta las naranjas por la mitad, extrae el zumo con la ayuda de un exprimidor de cítricos, y viértelo en una batidora de vaso.

Añade el resto de los ingredientes y bate hasta obtener una textura sin grumos.

GRANOLA DE COCO Y TRIGO SARRACENO TOSTADO

Soy una adicta total a la granola. Sin duda, es uno de mis desayunos, tentempiés y dulces favoritos. Para mí, lo mejor de esta receta es su textura crujiente y también que es de lo más saciante. Usar trigo sarraceno en lugar de avena le confiere precisamente esa consistencia que tanto me gusta. Mezclo el trigo con aceite de coco, miel, jengibre, canela y vainilla y lo horneo hasta que mi cocina huele que alimenta y el estómago empieza a rugirme.

Para 1 vaso

SIN FRUTOS SECOS

300 g de trigo sarraceno en grano
60 g de chips de coco
50 g de semillas de girasol
100 g de semillas de calabaza
una pizca de sal
3 cucharadas de aceite de coco
3 cucharaditas de canela molida
3 cucharaditas de jengibre molido
2 cucharaditas de vainilla en polvo
3 cucharadas de miel
40-60 g de arándanos rojos secos, preferiblemente sin azúcar (opcional)
20-40 g de pasas (opcional)

Precalienta el horno a 200 °C (180 °C si es de convección).

Mezcla en un cuenco el trigo sarraceno con las chips de coco, todas las semillas y una pizca de sal.

Pon en un cazo el aceite de coco con la canela, el jengibre, la vainilla y la miel, caliéntalo a fuego lento y remuévelo hasta que el aceite de coco se diluya por completo. Vierte el contenido del cazo en el cuenco del trigo sarraceno, mézclalo todo bien

y luego extiéndelo de manera uniforme en una bandeja refractaria.

Hornea durante 15 minutos y, pasado este tiempo, remueve la mezcla.

Prosigue el horneado 10 minutos más, pero vuelve a removerlo a los 5.

Deja que se enfríe. Cuando esté a temperatura ambiente, añade los frutos secos que desees y guarda la granola en un recipiente hermético; se conservará durante un par de semanas.

BOL DE MANGO, PIÑA Y LIMA CON YOGUR DE MARACUYÁ

El yogur de maracuyá tiene un sabor increíble cuando se mezcla con mango, piña, zumo de lima, sirope de arce y coco, y más aún si le añades granola. Una manera fabulosa de presentar esta receta es en tarros de vidrio individuales, ya que permiten apreciar las distintas capas y la cobertura de granola. ¡A tu familia y a tus amigos les encantará!

Para 6 personas

SIN FRUTOS SECOS

1 mango

½ piña

3 cucharadas de sirope de arce

4 cucharadas de chips de coco

la ralladura fina y el zumo de 2 limas
    sin encerar

400 g de yogur de coco

3 maracuyás

220 g de granola, y un poco más para servir
(*véase la pág. 29 para una granola casera*)

Para empezar, pela el mango y la piña y córtalos en trozos pequeños e irregulares.

En un cuenco grande, mézclalos con el sirope de arce, las chips de coco y la ralladura y el zumo de las limas. Resérvalo para que los sabores se mezclen.

En una batidora de vaso, bate, a velocidad máxima, el yogur de coco y la pulpa de los maracuyás hasta que obtengas una mezcla sin grumos. Deja que se enfríe en el frigorífico.

Reparte el yogur en 6 tarros, vasos o boles. Con la ayuda de una cuchara, añade una capa de la macedonia que has reservado. Consérvalos en la nevera hasta el momento de servir. Entonces, agrega la granola.

CONSEJO

No incorpores la granola con demasiada antelación o se reblandecerá.

PANQUEQUES DE ARÁNDANOS

Fue una de las primeras recetas que creé para el libro y sigue siendo una de mis favoritas. Empecé a preparar estos panqueques para darme fuerzas durante los entrenamientos para una media maratón y desde entonces se han convertido en un tentempié imprescindible los fines de semana. Mi desayuno ideal consiste en una montaña enorme de panqueques, sobre todo si los acompaño con unos bocaditos de plátano caramelizado, extra de sirope de arce y una gran cucharada de manteca de almendra y cacao crujiente (véanse las recetas en las págs. 37 y 40, respectivamente). Aunque no se trate de una de mis recetas más saludables, están riquísimos y son irresistibles.

Para unos 12 panqueques

SIN FRUTOS SECOS

2 cucharadas de semillas
   de chía
200 g de avena
2 plátanos muy maduros
3 cucharadas de sirope de arce
2 cucharadas de aceite de coco,
   más un chorrito para cocinar
una pizca de sal
150 g de arándanos

Para empezar, pon las semillas de chía en una taza con 175 ml de agua. Deja que reposen durante 20 minutos; aumentarán de tamaño y adquirirán una consistencia gelatinosa.

Tritura y mezcla el resto de los ingredientes, excepto los arándanos, en un robot de cocina con 100 ml de agua hasta que obtengas una preparación sin grumos.

Viértela en un cuenco y añade los arándanos primero y a continuación las semillas de chía, y remueve.

Pon un poco de aceite de coco en una sartén antiadherente y caliéntalo a fuego vivo.

Para preparar cada panqueque, necesitarás 2 cucharadas colmadas de la mezcla. Añádelas a la sartén y, con la ayuda de una cuchara, forma un círculo. Deja que se cocine durante unos 2 minutos por cada lado (dales la vuelta sólo una vez). Repite la misma operación para cada panqueque hasta que se te acabe la mezcla. Mantenlos calientes en el horno a baja temperatura hasta el momento de servir.

BOCADITOS DE PLÁTANO CARAMELIZADO

En principio, creé estos bocaditos de plátano para combinarlos con los panqueques de arándanos (véase la receta en la pág. 34), pero ahora me gustan tanto que intento añadirlos al desayuno siempre que puedo. Me encanta cómo crepitan en la sartén y el aroma dulce del aceite de coco, la canela y el sirope de arce que van absorbiendo conforme se fríen. Son fantásticos y se preparan en un santiamén. Has de probarlos con los panqueques, pero puedes incorporarlos también a un bol de porridge y verás como al instante lo transforman en algo muy especial.

Para 4 personas
SIN FRUTOS SECOS
4 plátanos
1 cucharada de aceite de coco
3 cucharadas de sirope de arce
1 cucharadita de canela molida

Corta los plátanos en rodajas de 2 cm de grosor.

En una sartén, pon el aceite de coco, el sirope de arce y la canela a fuego entre medio y fuerte hasta que la mezcla esté bien caliente y haga espuma. Añade entonces el plátano; las rodajas empezarán a crepitar en cuanto entren en contacto con el aceite.

Baja el fuego y fríelas entre 2 y 3 minutos, moviéndolas de vez en cuando para asegurarte de que las rodajas quedan bien recubiertas y hechas por igual. Retíralas cuando tengan una consistencia blanda y pegajosa y estén bañadas con un delicioso caramelo.

DE LA SARTÉN AL PLATO
10 minutos.

CONSEJO
Si preparas estos bocaditos de plátano para servirlos con los panqueques, usa la misma sartén para ambas cosas. ¡Así fregarás menos!

MANTECA DE ALMENDRA Y CACAO CRUJIENTE

Las mantecas de frutos secos son un alimento básico para mí. Siempre tengo unos diez tarros abiertos en la despensa, por lo que acabo añadiendo por lo menos una cucharada de alguna de ellas en casi todas las comidas. Ésta es mi favorita para desayunar, ya que aúna la deliciosa y sutil dulzura de la vainilla y el fantástico toque crujiente de los nibs de cacao. Se puede servir con panqueques o porridge, untar en tostadas, mezclar con smoothies o ¡comer directamente del tarro con una cuchara!

Para 1 tarro

300 g de almendras
un pellizco generoso de sal
4 cucharaditas de nibs de cacao
3 cucharaditas de cacao puro en polvo
2 cucharaditas de sirope de dátiles
2 cucharaditas de vainilla en polvo

Precalienta el horno a 200 °C
(180 °C si es de convección).

Extiende las almendras en una sola capa en una bandeja refractaria y tuéstalas durante 10 minutos. Ten cuidado de que no se quemen, pues se echaría a perder el sabor.

Deja que se enfríen y tritúralas junto con la sal en un robot de cocina potente durante unos 10 minutos o hasta que obtengas una pasta cremosa y sin grumos.

Pon la manteca de almendra en un cuenco grande e incorpora el resto de los ingredientes. Mézclalos bien (no los tritures) para lograr la textura suave que buscamos en esta receta.

Puedes conservarla en un recipiente hermético durante 5 días.

CONSEJO
Asegúrate de que las almendras están en buen estado, ya que en el armario los frutos secos se ponen rancios enseguida y eso afecta mucho al sabor.

REVUELTO DE TOFU CON CÚRCUMA Y PIMIENTO ROJO

Quizá eso de «revuelto de tofu» pueda sonar un poco raro, pero créeme cuando te digo
que vale la pena probarlo. Es un desayuno delicioso, sobre todo si lo acompañas
con unos champiñones fritos con tomillo, unos tomates con ajo al horno
(véanse las recetas en las págs. 45 y 46, respectivamente) y unas tostadas de pan
de centeno untadas con una buena capa de puré de aguacate.

Para 4 personas

SIN FRUTOS SECOS

aceite de oliva

1 pimiento rojo, sin semillas,
    cortado en tiras finas

6 cebolletas

20 g de cebollino

1 cucharada de levadura nutricional

sal y pimienta

1 cucharada de tamari

1 cucharadita de cúrcuma molida

el zumo de ½ limón

400 g de tofu firme (si puede ser,
    ecológico)

DE LA SARTÉN AL PLATO

15 minutos

En una sartén, calienta un chorrito de aceite de oliva
y frie el pimiento entre 4 y 5 minutos.

Mientras, pica las cebolletas y el cebollino. Incorpora las
primeras a la sartén, con el pimiento, y rehoga durante un
minuto antes de añadir el cebollino, la levadura nutricional,
el tamari, la cúrcuma y el zumo de limón. Salpimienta,
agrega el tofu y desmenúzalo.

Continúa la cocción durante 5 minutos, hasta que el tofu
esté caliente, removiendo de vez en cuando.

CHAMPIÑONES FRITOS CON TOMILLO

En mi casa, éste es uno de los platos imprescindibles del fin de semana. Estos champiñones son sencillos de preparar, pero de lo más sabrosos. Además, te ayudarán a completar cualquier plato y hacerlo más suculento. Me encantan sobre una tostada de pan de centeno combinados con los tomates con ajo al horno (véase la receta en la pág. 46) o para acompañar un bol de quinua a última hora del día.

Para 4 personas

SIN FRUTOS SECOS

2 dientes de ajo chafados

sal y pimienta

aceite de oliva

unas ramitas de tomillo fresco

1 cucharadita de pasta de miso de arroz integral

½ cucharadita de chile en escamas

6 champiñones Portobello grandes cortados en láminas finas

350 g de champiñones Portobello pequeños cortados por la mitad o en cuartos, según el tamaño

Pon el ajo en una sartén grande con un chorrito de aceite de oliva y salpimiéntalo. Deja que se caliente durante unos minutos, hasta que el ajo comience a crepitar.

Añade el tomillo, la pasta de miso, el chile y todos los champiñones. Remueve hasta que éstos desprendan todo el jugo y, a continuación, cuece a fuego lento hasta que se evapore el líquido.

Al cabo de unos 10 minutos, los champiñones estarán bien hechos. Retira la sartén del fuego y condimenta con una buena cantidad de pimienta negra recién molida. Sírvelos enseguida.

DE LA SARTÉN AL PLATO

15 minutos.

TOMATES CON AJO AL HORNO

Un plato maravilloso y muy sencillo. En mi opinión, cuanto menos se manipulan los tomates mejor están, ya que así ofrecen todo su sabor natural y su textura jugosa, especialmente si se asan al horno. Sin embargo, un poco de ajo, albahaca y vinagre de sidra potencian más si cabe su sabor natural, y el resultado es magnífico. Un acompañamiento fácil para un desayuno delicioso.

Para 4 personas

SIN FRUTOS SECOS

4 tomates en rama grandes
2 cucharadas de aceite de oliva
una cantidad generosa de sal
    y pimienta
6 dientes de ajo pelados
350 g de tomates cherry,
    preferiblemente en racimo
2 cucharadas de vinagre de sidra
un puñadito de hojas de albahaca

Precalienta el horno a 200 °C
(180 °C si es de convección).

Mientras tanto, corta los tomates en rama por la mitad. Colócalos con la parte plana hacia abajo en una bandeja refractaria y rocialos con el aceite de oliva. Condiméntalos con una cantidad generosa de sal y pimienta recién molida y añade los dientes de ajo enteros.

Hornéalos durante 30 minutos.

Retiralos del horno y agrega los tomates cherry y el vinagre. Baja la temperatura a 180 °C (160 °C si es de convección) y prosigue la cocción entre 40 y 45 minutos.

Pica la albahaca gruesa, o trocéala, y espárcela sobre los tomates y los ajos antes de servir.

RÖSTI DE BONIATO

*Esta receta puede ser la base ideal para un gran desayuno. Me encanta añadirle
una capa generosa de guacamole de hierbas aromáticas o también las alubias con sirope
de arce y romero (véanse las recetas en las págs. 52 y 51, respectivamente).
El resultado es un brunch colorido, abundante y delicioso.*

Para 2 personas

SIN FRUTOS SECOS

4 cucharadas de aceite de oliva
1 boniato pelado y rallado
1 chile rojo, sin semillas, picado fino (si no
   te gusta el picante, usa sólo la mitad)
1 cucharada de semillas de sésamo
4 cucharadas de harina de trigo sarraceno
sal y pimienta

Pon 2 cucharadas de aceite en una sartén
grande antiadherente y con tapa, a fuego
vivo.

Mientras se calienta el aceite, mezcla
el resto de los ingredientes en un cuenco.

Con la ayuda de una cuchara, vierte
la mezcla de boniato en el aceite caliente
y divídela en 4 partes iguales, asegurándote
de que no se toquen. Fríelas durante
unos 2 minutos a fuego vivo, presionando
la mezcla de vez en cuando para obtener
una especie de hamburguesas.

Tapa la sartén y baja el fuego al mínimo.
Deja que el vapor cueza los röstis durante
unos 7 minutos. Cuando destapes la sartén,
verás que han reducido su tamaño y tienen
un aspecto delicioso y crujiente por la parte
de abajo.

Dales la vuelta con la ayuda de una espátula,
sube el fuego y cocínalos durante 3 minutos
más, hasta que estén bien dorados por el otro
lado. Sírvelos recién hechos.

DE LA SARTÉN AL PLATO
20 minutos.

ALUBIAS CON SIROPE DE ARCE Y ROMERO

En casa parece que siempre estemos buscando mil pretextos para incluir este plato en el desayuno, el almuerzo o la cena... Se trata de una receta de lo más versátil y que va bien con cualquier cosa, aunque funciona especialmente en esta combinación de brunch. Me encanta lo sencilla y sabrosa que es.

Para 2 personas

SIN FRUTOS SECOS

aceite de oliva

3 dientes de ajo picados finos

3 ramitas de romero fresco

1 hoja de laurel

½ cucharadita de pimienta de cayena

1 cucharadita de pimentón ahumado

130 g de tomates troceados en conserva (⅓ de lata aprox.)

1 cucharada de sirope de arce

1 cucharada de concentrado de tomate

400 g de alubias en conserva, escurridos y enjuagados

sal y pimienta

Precalienta el horno a 180 °C (160 °C si es de convección).

Para esta receta usa una cacerola con tapa apta para el horno. Calienta en ella un chorrito de aceite de oliva y frie el ajo a fuego medio hasta que se vuelva translúcido, pero sin que llegue a dorarse. Justo en ese momento, añade las hierbas aromáticas, las especias, los tomates, el sirope de arce, el concentrado de tomate, las alubias, la sal y la pimienta. Lleva a ebullición.

Cuando empiece a hervir, tapa, apaga el fuego y pon la cacerola en el horno durante 30 minutos.

Retira la hoja de laurel y las ramitas de romero antes de servir (las hojas de romero se habrán desprendido entre las alubias) y disfruta del plato.

GUACAMOLE DE HIERBAS AROMÁTICAS

Este guacamole es lo que más disfruto del brunch con rösti y alubias (véanse las recetas en las págs. 48 y 51, respectivamente). Su textura cremosa encaja a la perfección con los otros dos platos. Los aguacates se mezclan con un picadillo aromático a base de albahaca, cilantro, menta y perejil, una combinación que rebosa sabor. Estoy segura de que les parecerá una delicia a los amantes de los aguacates. Además, es un acompañamiento ideal para cualquier comida y un tentempié fácil de guardar en la nevera. Me encanta untarlo en una tostada de pan de centeno para desayunar o tomar un poco para picar e incluso añadírselo a un bol de quinua.

Para 2 personas

SIN FRUTOS SECOS

2 aguacates

1 cucharada de aceite de oliva

el zumo de 1 lima

6 g de hojas de albahaca fresca
    picadas gruesas

6 g de hojas de cilantro fresco
    picadas gruesas

3 g de hojas de menta fresca
    picadas gruesas

3 g de hojas de perejil fresco
    picadas gruesas

una cantidad generosa de sal y pimienta

Pela los aguacates y deshuésalos.
A continuación, cháfalos en un cuenco
con la ayuda de un tenedor.

Incorpora el resto de los ingredientes.
Recomiendo servir el guacamole recién
hecho, pues sólo aguanta un día, más
o menos. A partir de ese momento
las hierbas aromáticas empiezan
a ennegrecerse.

SUPERRÁPIDO

10 minutos.

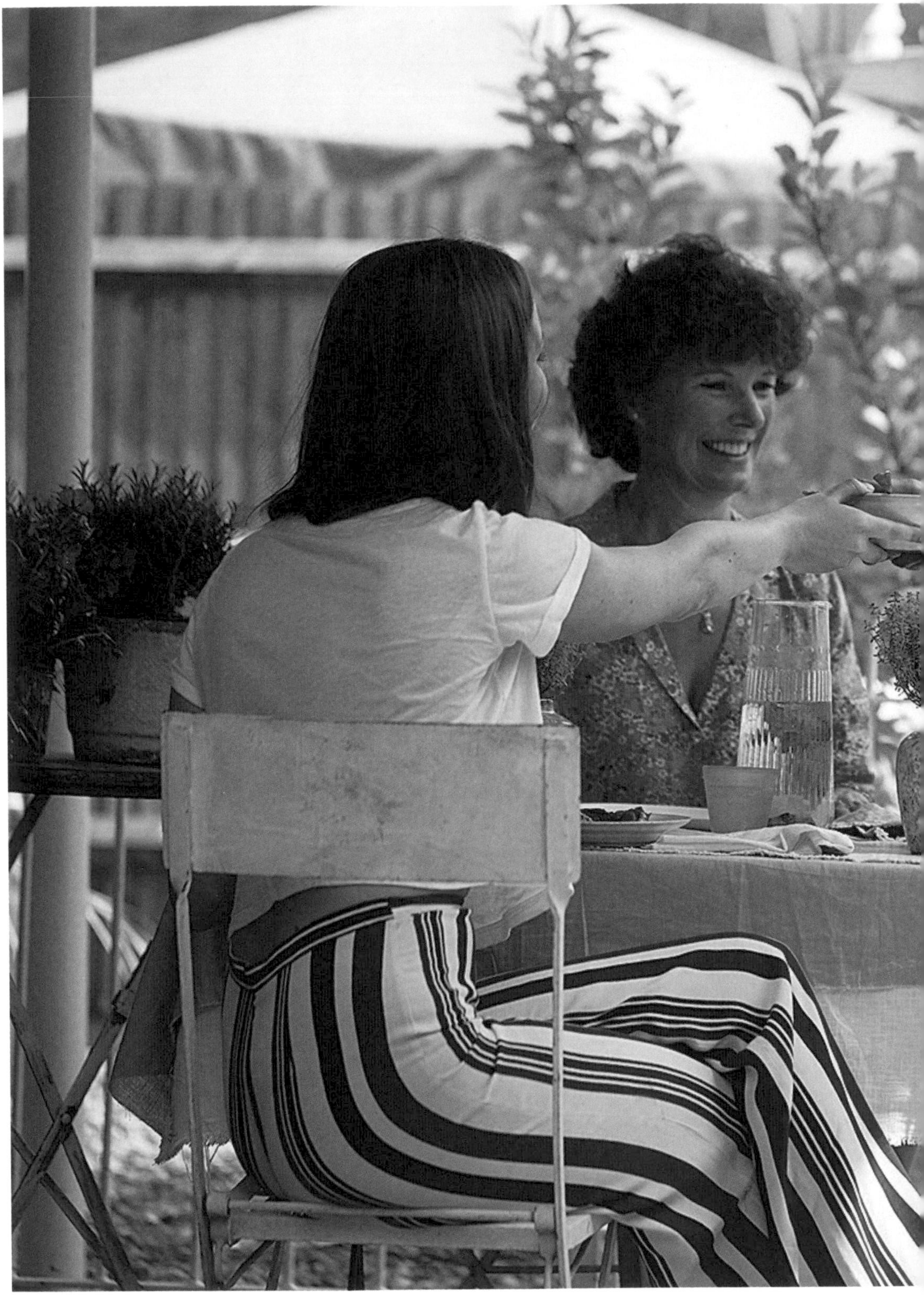

LIGERO Y SENCILLO

RECETAS RÁPIDAS Y NUTRITIVAS PARA CUIDAR DE TI Y DE TUS AMIGOS

LIGERO Y SENCILLO

Probablemente los platos de este capítulo sean los que más cocino en casa.
Contiene un montón de recetas sencillas que puedes preparar y compartir
a diario, para que tú y los tuyos estéis sanos y felices. Me cuesta decidir
cuáles son mis favoritas, ya que me gustan todas por igual y las preparo
a menudo, pero si lo que buscas es algo nutritivo y reconfortante,
te recomiendo los pastelitos de patata con especias y salsa de tomate
con ajo sobre un lecho de judías verdes finas con tomate; o si prefieres algo
más ligero y refrescante, el cebiche de mango y champiñones. Sin embargo,
si te apetece algo nuevo para llevar en el táper o compartir con un amigo
en un pícnic, prueba la ensalada de col kale, tomates secos, aceitunas
y boniatos con unos falafel de boniato y sésamo al horno, a los que
puedes añadir un poco de hummus como acompañamiento.

MENÚS

PARA RELAJARSE DESPUÉS DE UN DÍA DE TRABAJO

Pastelitos de patata con especias y salsa de tomate con ajo

Judías verdes con tomate

BOCADOS FRESCOS

Cebiche de mango y champiñones

Nigiri sushi de «arroz» de coliflor, remolacha y sésamo

PARA COMER EN EL TRABAJO

Falafel de boniato y sésamo al horno

Ensalada de col kale, tomates secos, aceitunas y boniatos

UN PÍCNIC PERFECTO

Maíz a la brasa con aceite de coco

Ensalada de pimiento, mango, pepino y cacahuete

CON LO BÁSICO DE LA DESPENSA

Ensalada de patata y alubias al limón

Aguacates al horno con tomate y sésamo

RECONFORTANTE Y ESPECIADO

Fideos de boniato con salsa satay cremosa de cacahuete

Verduritas salteadas con tamari

CENA ASIÁTICA

Pho de chile y jengibre

Rollitos de verano con sésamo, sirope de arce y salsa de almendras dulces

ENSALADAS VERANIEGAS

Quinua con pistachos y orejones de albaricoque

Ensalada de col con sésamo

PARA RECUPERAR FUERZAS ENTRE SEMANA

Tempeh salteado con pesto de ajo asado y almendra

Bol de arroz con hinojo asado, sésamo y cilantro

PASTELITOS DE PATATA CON ESPECIAS Y SALSA DE TOMATE CON AJO

Estos pastelitos de patata son perfectos para una cena entre semana. Son muy fáciles de preparar y de lo más reconfortantes después de un largo día de trabajo, sobre todo si los cubres con una salsa de tomate con ajo bien picante y los sirves sobre un lecho de judías verdes finas, que realzarán todavía más su sabor (véase la receta en la pág. 65). En cualquier caso, los pastelitos tienen un intenso aroma por sí solos gracias a la agradable mezcla de especias y limón, que les proporciona un frescor delicioso. Y si te sobran, puedes congelarlos.

Para 8 pastelitos / 4 personas

SIN FRUTOS SECOS

PARA LOS PASTELITOS DE PATATA

750 g de patatas

sal y pimienta

3 cucharadas de aceite de oliva,
   más un chorrito para cocinar

1 chile rojo, sin semillas, picado fino,
   y un poco más para decorar

2 dientes de ajo chafados

1 cucharadita de comino molido

1 cucharadita de pimentón

1 cucharadita de cúrcuma molida

1 cucharadita de chile en polvo

20 g de cilantro fresco picado grueso,
   y un poco más para decorar

el zumo de 1 limón

PARA LA SALSA

750 g de tomates cherry cortados
   en cuartos

3 cucharadas de aceite de oliva

4 dientes de ajo chafados

sal y pimienta

1 cucharadita de chile en escamas
   (opcional)

Pela las patatas, córtalas en cuartos y ponlas en una cacerola con agua y una pizca de sal. Llévala a ebullición y cuécelas entre 20 y 25 minutos, hasta que estén hechas. Escúrrelas y deja que se enfríen.

Mientras tanto, calienta las 3 cucharadas de aceite en una sartén, añade el chile y el ajo y fríelo durante un minuto. Agrega las especias secas y, al cabo de 30 segundos, retira la sartén del fuego. Precalienta el horno a 200 °C (180 °C si es de convección).

Cuando las patatas se hayan enfriado, añádeles el resto de los ingredientes. Mézclalo todo muy bien hasta que obtengas una masa sin grumos, con la que formarás 8 pastelitos. Ponlos en una bandeja refractaria, rocíalos con aceite de oliva y hornéalos entre 25 y 30 minutos hasta que estén bien dorados. Recuerda darles la vuelta a media cocción.

Entretanto, prepara la salsa: pon todos los ingredientes en un cazo y cuécelos a fuego lento durante unos 20 minutos, hasta que los tomates estén bien hechos y tengas una salsa espesa.

Sirve los pastelitos de patata con la salsa, cilantro fresco y chile, y acompañados de las judías verdes finas con tomate (*véase la receta en la pág. 65*).

COMBÍNALO

Si no te apetece preparar la salsa de tomate, estos pastelitos están también muy buenos con el tzatziki de coco (*véase la receta en la pág. 209*).

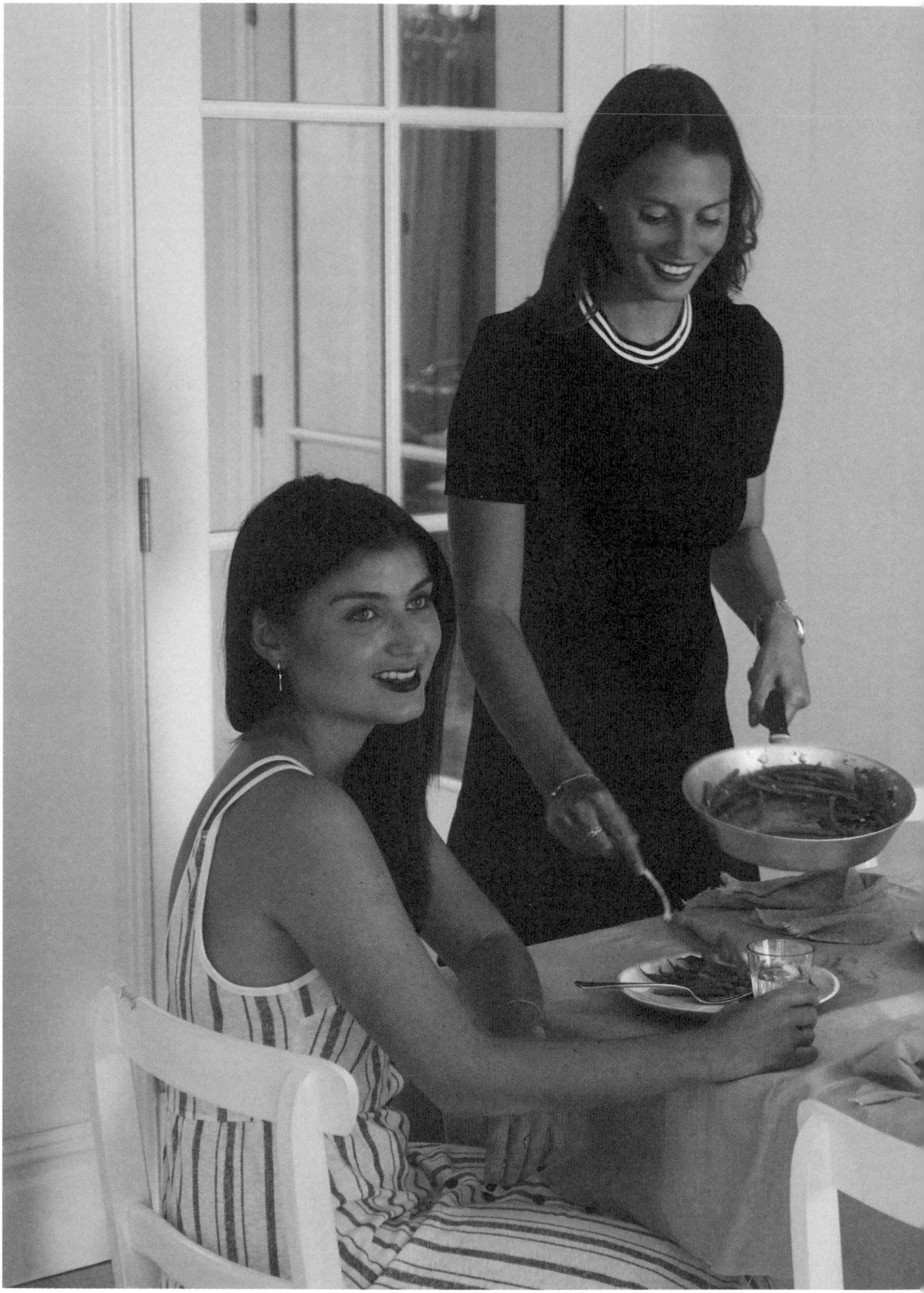

JUDÍAS VERDES CON TOMATE

Me encanta poner estas judías como lecho para los pastelitos de patata con especias y salsa de tomate con ajo (véase la receta en la pág. 60), ya que aportan un contraste magnífico de texturas. Mientras que los pastelitos de patata son blandos y se deshacen en la boca, estas verduras ligeramente cocidas resultan crujientes. Además, el ajo y el tomate de las judías combinan de maravilla con la salsa de las patatas y logran una comida perfecta. Y por si eso fuera poco, pueden ser una excelente guarnición para muchos otros platos.

Para 4 personas como guarnición

SIN FRUTOS SECOS

2 cucharadas de aceite de oliva

100 g de tomates cherry cortados
   en cuartos

3 dientes de ajo chafados

1 cucharada de vinagre de sidra

sal y pimienta

200 g de judías verdes finas, despuntadas
   y cortadas por la mitad

En una sartén grande, calienta el aceite a fuego medio. Añade los tomates y rehógalos hasta que empiecen a deshacerse y caramelizarse. Mientras, llena un hervidor o un cazo con agua y llévalo a ebullición.

Al cabo de unos 5 minutos, cuando los tomates adquieran un bonito color rojo, agrega el ajo, el vinagre, la sal y la pimienta y deja cocer durante un minuto más.

Entretanto, pon las judías verdes en un colador y vierte encima el agua hirviendo para que empiecen a reblandecerse. A continuación, incorpóralas a la mezcla de tomate y ajo.

Remueve durante un par de minutos mientras se van cociendo, condiméntalas y sírvelas.

DE LA SARTÉN AL PLATO
15 minutos.

COMBÍNALO
Puedes mezclar estas judías con pasta y tendrás una comida exquisita en un santiamén.

CEBICHE DE MANGO Y CHAMPIÑONES

La primera vez que comí cebiche de champiñones fue en uno de mis restaurantes favoritos hace cosa de un año, y desde entonces este plato me vuelve loca. Es de lo más ligero, sabroso y refrescante. Los champiñones se dejan marinar en una extraordinaria mezcla de zumo de lima, jengibre, chile y aceite de oliva, y a continuación se incorporan unos trocitos jugosos de mango y pimiento rojo crujiente; la combinación es espectacular. Cuanto más tiempo se marinen los champiñones, más intenso será el sabor del plato, o sea que puedes preparar más cantidad para disfrutar de las sobras durante varios días.

Para 4 personas

SIN FRUTOS SECOS

400 g de champiñones pequeños cortados en láminas muy finas

el zumo de 10 limas (unos 150 ml)

50 ml de aceite de oliva

1 diente de ajo chafado

2,5 cm de raíz de jengibre rallada fina

1 chile jalapeño picado fino

sal

⅓ de cebolla roja bien picada

1 pimiento rojo, sin semillas, cortado en tiras finas

¾ de mango maduro pelado, deshuesado y cortado en trozos pequeños

un puñado generoso de cilantro fresco troceado

Pon los champiñones en un cuenco grande y vierte encima el zumo de lima, el aceite de oliva, el ajo, el jengibre, el chile y la sal. Mézclalo todo bien, tápalo y deja que marine durante una hora, más o menos, a temperatura ambiente para que se impregne de los sabores.

Justo antes de llevar a la mesa, incorpora la cebolla, el pimiento, el mango y la mayor parte del cilantro, y sírvelo en una bandeja. Esparce encima el resto del cilantro en el último momento para darle un aspecto aún más bonito.

Puedes guardar lo que te sobre en un recipiente hermético en el frigorífico durante 4 días.

SUPERRÁPIDO

10 minutos.

COMBÍNALO

Prueba este plato con unos granos de mi maíz a la brasa con aceite de coco (*véase la receta en la pág. 76*). ¡Sabe genial!

NIGIRI SUSHI DE «ARROZ» DE COLIFLOR, REMOLACHA Y SÉSAMO

Este nigiri vegetariano es muy original, y una opción perfecta si te apetece picar algo.
Mientras que el aguacate y la remolacha le proporcionan color y un aspecto delicioso,
el «arroz» de coliflor le da un toque innovador a la clásica receta de sushi. ¡Es fantástico!
Me encanta mojarlo en salsa de tamari, sésamo y lima para realzar todos sus sabores.
Para preparar el «arroz», sin embargo, necesitarás unas bolsas de muselina, del tipo que
se utiliza para filtrar la mermelada, que puedes comprar por internet.

Para 10 porciones

PARA EL «ARROZ»

1 coliflor grande
1 cucharada de vinagre de sidra
1 cucharada de aceite de sésamo tostado
1 cucharada de tamari
130 ml de leche de coco
sal

PARA LA CREMA DE AGUACATE

1 aguacate maduro
1 cucharada de vinagre de sidra
1 cucharada de aceite de oliva

PARA LA REMOLACHA

1 remolacha cocida pelada

PARA LA SALSA

1 cucharada de aceite de sésamo tostado
2 cucharadas de tamari
1 cucharada de semillas de sésamo,
    y un poco más para decorar
el zumo de ½ lima

Separa los cogollos de la coliflor y córtalos a trozos de 2,5 a 5 cm. A continuación tritúralos en un robot de cocina hasta que parezcan granos de arroz (serán necesarios unos 30 segundos).

Introdúcelos en una bolsa de muselina y escúrrelos para quitarles el exceso de agua (necesitarás algunos minutos).

Pon la coliflor en una cacerola con los demás ingredientes para el «arroz» y caliéntalo 10 minutos o hasta que se absorba la leche de coco. El «arroz» debería empezar a tener una consistencia pegajosa. Traspásalo a un colador para eliminar el líquido que quede, ponlo en un bol y presiónalo para compactarlo. Resérvalo.

Para la crema de aguacate, limpia el robot de cocina, y pela el aguacate: quítale el hueso e introduce toda su carne en el robot junto con los ingredientes para la crema. Añade una cucharada de agua y una pizca de sal. Tritúralo todo hasta que obtengas una mezcla cremosa y sin grumos que también reservarás.

Corta la remolacha en rodajas muy finas.

Para preparar la salsa, sólo tienes que mezclar bien todos los ingredientes.

Por último monta el sushi. Moldea el «arroz» de coliflor para darle la típica forma rectangular de los nigiri. Con una cuchara, reparte por encima una cantidad generosa de crema de aguacate y corónalos con una rodaja fina de remolacha. Esparce encima unas semillas de sésamo y sírvelos.

FALAFEL DE BONIATO Y SÉSAMO AL HORNO

Estos falafel son ideales para el táper. Se preparan en un santiamén y, como se pueden congelar, dispondrás de ellos en cualquier momento y te darán energía durante toda la semana. Me encanta el toque crujiente y el aspecto delicioso que les proporcionan las semillas de sésamo. Además, como se pueden transportar, son una opción excelente para almorzar en el trabajo. ¡Estoy segura de que serás la envidia de muchos de tus compañeros! Combinan muy bien con la ensalada de col kale, tomates secos, aceitunas y boniatos (véase la receta en la pág. 75); el contraste de texturas es simplemente perfecto.

Para 14 falafel

SIN FRUTOS SECOS

PARA EL PURÉ DE BONIATO

2 boniatos pelados y troceados

PARA LOS FALAFEL

4 dientes de ajo picados gruesos

un puñado de cilantro fresco picado

4 cucharadas de aceite de oliva

el zumo de 1 limón

2 cucharaditas de comino molido

2 cucharaditas de pimentón ahumado

1 cucharadita de cúrcuma molida

2 cucharaditas de vinagre de sidra

½ cucharadita de pimienta de cayena

2 cucharadas de tahina

sal y pimienta

3 cucharadas de harina de garbanzos

800 g de garbanzos en conserva, escurridos y enjuagados

100 g de semillas de sésamo

Cuece los boniatos al vapor durante 30 minutos, o hasta que estén completamente blandos. Tritúralos unos segundos para obtener un puré sin grumos.

Precalienta el horno a 220 °C (200 °C si es de convección).

Forra una bandeja refractaria grande o dos medianas con papel vegetal.

Pon todos los ingredientes para los falafel, salvo los garbanzos y las semillas de sésamo, en un robot de cocina. Añade 14 cucharadas de puré de boniato y mézclalo todo hasta que quede bien integrado. Condimenta al gusto, agrega los garbanzos y tritura para crear una mezcla espesa.

Esparce las semillas de sésamo en un plato.

Con las manos humedecidas, forma una bolita con una cucharadita colmada de la mezcla que has preparado. Pásala por las semillas de sésamo y colócala en la bandeja refractaria. Repite la operación hasta que te quedes sin pasta.

Hornea los falafel entre 35 y 40 minutos. Deja que se enfríen 5 minutos sobre una rejilla antes de servirlos.

ENSALADA DE COL KALE, TOMATES SECOS, ACEITUNAS Y BONIATOS

Una ensalada riquísima que te permitirá disfrutar de pequeños bocados de boniato, tomates secos, aceitunas negras y piñones tostados, todo ello aliñado con aceite de oliva, limón y vinagre. Es tan sencilla que resulta un acompañamiento ideal para cualquier comida, ya que combina prácticamente con cualquier plato. Me encanta sobre todo con los falafel de boniato y sésamo al horno (véase la receta en la pág. 70); juntos conforman un almuerzo fantástico para tomar en el trabajo, sobre todo con una buena cantidad de hummus o guacamole.

Para 4 personas

SIN FRUTOS SECOS

1 boniato grande pelado o bien lavado

5 cucharadas de aceite de oliva

sal y pimienta

200 g de col kale sin los tallos
    más gruesos

2 cucharadas de vinagre de sidra

el zumo de ½ limón

100 g de tomates secos en aceite (peso
    escurrido) picados finos

100 g de aceitunas negras sin hueso bien
    picadas

100 g de piñones

Precalienta el horno a 220 °C
(200 °C si es de convección).

Corta los boniatos en dados de 1 cm y colócalos en una bandeja refractaria. Condiméntalos con 2 cucharadas de aceite de oliva y un buen pellizco de sal y pimienta. Hornéalos durante 45 minutos, o hasta que estén bien cocidos y ligeramente crujientes.

Mientras tanto, tritura la col en un robot de cocina hasta que la hayas reducido a trozos pequeños. A continuación ponla en una ensaladera junto con el resto del aceite de oliva, el vinagre, el zumo de limón, los tomates secos y las aceitunas. Salpimienta. Mezcla bien la ensalada para que todos los ingredientes queden bañados por igual con el aderezo.

Una vez cocidas las porciones de boniato, retíralas del horno e incorpóralas a la ensalada.

Por último, calienta una sartén a fuego medio y tuesta en ella los piñones durante unos minutos, sin aceite ni materia grasa (presta atención porque se queman con facilidad). Retíralos del fuego y espárcelos sobre la ensalada.

Sabe muy bien tanto caliente como fría.

MAÍZ A LA BRASA CON ACEITE DE COCO

Mi familia está obsesionada con este plato y estos últimos veranos lo hemos comido sin
parar. Los granos de maíz, ligeramente chamuscados, bañados con el aceite de coco
y condimentados con una pizca de sal, están deliciosos ¡y son de lo más adictivo!
Aunque puedes prepararlo en la sartén y queda muy bien, te recomiendo
que lo hagas en la barbacoa porque el resultado es insuperable.

Para 4 personas
SIN FRUTOS SECOS
aceite de coco
4 mazorcas de maíz
sal

Pon en el fuego una plancha con un par de
cucharadas de aceite de coco hasta que esté
bien caliente. Abre las ventanas y las puertas
de la cocina y pon en marcha el extractor
o —aún mejor, si puedes— cocina fuera.

Incorpora las mazorcas de maíz. Como
algunos granos deben quedar ennegrecidos,
deja que éstas se asen durante un minuto
antes de darles la vuelta; pero ¡utiliza unas
pinzas, no las manos! Repite la operación
hasta que adquieran un bonito color entre
amarillo y negro. Retíralas del fuego y deja
que se enfríen.

Sazónalas con sal y ya puedes comértelas.

COMBÍNALO

Desgrana el maíz de la mazorca y esparce
los granos sobre el cebiche de mango
y champiñones (*véase la receta en la pág. 66*).
Estas dos recetas juntas saben genial.

ENSALADA DE PIMIENTO, MANGO, PEPINO Y CACAHUETE

He aquí un plato delicioso para un almuerzo de verano. Los cacahuetes y el sésamo le proporcionan textura y un gran sabor, mientras que el mango aporta un exquisito toque dulce a cada bocado. Está buenísimo con unos granos del maíz a la brasa con aceite de coco (véase la receta en la pág. 76) por encima.

Para 4 personas

PARA LA ENSALADA

100 g de cacahuetes crudos sin sal

2 cucharadas de semillas de sésamo

1 pimiento rojo, sin semillas, cortado
en rodajas finas

4 dientes de ajo chafados y sin pelar

aceite de oliva

120 g de quinua

1 pepino pequeño cortado en tiras
con un pelador

½ chile rojo, sin semillas, picado fino

1 mango pelado, deshuesado y cortado
en trozos pequeños

PARA EL ALIÑO

2 cucharadas de vinagre de sidra

2 cucharadas de tamari

2 cucharadas de aceite de sésamo tostado

1 cucharada de manteca de cacahuete

Precalienta el horno a 200 ºC
(180 ºC si es de convección).

Pon los cacahuetes en una bandeja
refractaria y tuéstalos durante 4 minutos.
Retira la bandeja, remueve los cacahuetes,
añade las semillas de sésamo y hornéalos
durante 4 minutos más, o hasta que
adquieran un bonito color tostado.
Deja que se enfríen.

Reparte las rodajas de pimiento rojo en
otra bandeja junto con los dientes de ajo.
Sazónalos con aceite de oliva y hornéalos
durante 20 minutos, pero recuerda
removerlos a media cocción. Cuando los
saques, deberían estar blandos.

Mientras tanto, cocina la quinua. Ponla en
una cacerola con 250 ml de agua, llévala a
ebullición y luego cuécela a fuego lento entre
12 y 15 minutos o hasta que los granos hayan
absorbido toda el agua. A continuación, deja
que se enfríe. Una vez fría, mézclala en una
ensaladera con el pimiento rojo asado. Pela
los dientes de ajo, córtalos en láminas finas
y añádelos también. Aparte, mezcla todos
los ingredientes para el aliño.

Justo antes de servir, agrega los cacahuetes
con las semillas de sésamo, el pepino,
el chile rojo y el mango. Condimenta
con el aderezo y ¡a comer!

ENSALADA DE PATATA Y ALUBIAS AL LIMÓN

Sin duda, ésta es una ensalada sencilla y perfecta para un almuerzo ligero. Sus sabores sutiles no abruman el paladar y te alegrarán el día. La combinación de las patatas con limón, las alubias tiernas y la rúcula picante siempre es un éxito, sobre todo si se sirve con unos tomates jugosos. Me encanta combinar esta receta con los aguacates al horno con tomate y sésamo (véase la receta en la pág. 85), pero también queda muy bien como guarnición o sola con una buena ración de hummus.

Para 4 personas

SIN FRUTOS SECOS

350 g de patatas baby bien lavadas

sal y pimienta

400 g de alubias en conserva, escurridas
    y enjuagadas

la ralladura y el zumo de 1 limón sin encerar

aceite de oliva

1 bolsa de rúcula, o una mezcla de rúcula,
    berros y espinacas

2 tomates grandes en rama cortados en
    cuñas

un puñado de hojas frescas de albahaca

Pon las patatas en una cacerola con agua y una pizca de sal, tápala y llévala a ebullición. Cuando rompa a hervir, baja a fuego lento y deja cocer las patatas hasta que puedas atravesar por el centro la mayor de ellas con un cuchillo afilado. Serán necesarios entre 10 y 15 minutos.

Una vez cocidas, escúrrelas y colócalas en un cuenco con las alubias, la ralladura y el zumo de limón. Salpimienta y aderéza con un chorrito de aceite de oliva. Mezcla bien y deja que se enfríe.

Pon las hojas de ensalada y los tomates en una ensaladera y condiméntalos bien. Reparte por encima las patatas y las alubias. Sazona de nuevo con una pizca de aceite de oliva y corona la ensalada con la albahaca antes de servirla.

AGUACATES AL HORNO CON TOMATE Y SÉSAMO

Estos aguacates están buenísimos. Si nunca los has cocinado al horno, ¿a qué estás esperando? Conforme se asan, los tomates se abren y llenan los aguacates de sabor y los vuelven aún más tiernos. El plato tiene además un aspecto magnífico, gracias a la combinación de verde y rojo. Sin duda, estos aguacates pueden formar parte de un almuerzo rápido y fabuloso si los acompañas con la ensalada de patata y alubias al limón (véase la receta en la pág. 82) o con el cebiche de mango y champiñones (véase la receta en la pág. 66), aunque también pueden ser el complemento perfecto para un brunch.

Para 2 personas como plato principal o para 4 como guarnición

SIN FRUTOS SECOS

2 aguacates maduros

100 g de tomates cherry, y unos más si dispones de ellos

2 dientes de ajo chafados

3 cucharaditas de aceite de sésamo tostado

aceite de oliva

sal y pimienta

4 cucharaditas de semillas de sésamo

el zumo de 2 limas

un puñado pequeño de cilantro fresco picado

Precalienta el horno a 200 °C (180 °C si es de convección).

Corta los aguacates por la mitad y deshuésalos. Con la ayuda de una cuchara, extrae un poco de pulpa para agrandar el hueco (como no vas a necesitarla, puedes darte el gusto y cómetela como snack mientras cocinas).

Corta los tomates por la mitad y aderézalos con el ajo, una cucharadita de aceite de sésamo, un chorrito de aceite de oliva y un buen puñado de sal y pimienta.

Coloca las mitades de aguacate en una bandeja refractaria. Arruga un poco de papel de aluminio alrededor para que no se vuelquen mientras se asan. Rellénalos con los tomates.

Reparte algunos tomates más junto a los aguacates (quedan muy bien si son en racimo).

Rocíalo todo con otro chorrito de aceite de oliva, salpimienta y hornea entre 15 y 20 minutos.

A la hora de servirlos, esparce por encima una cucharadita de semillas de sésamo, luego exprime el zumo de ½ lima sobre cada mitad de aguacate y añade el resto del aceite de sésamo. Finalmente, espolvoréalos con el cilantro picado y una pizca más de sal, y ya puedes llevarlos a la mesa.

FIDEOS DE BONIATO CON SALSA SATAY CREMOSA DE CACAHUETE

Estos fideos fueron toda una revelación para mí. Son mucho más saciantes que los de calabacín, y la increíble salsa satay, con sus sutiles toques de chile y lima ácida, consigue realzar su sabor. Todo junto conforma una cena rápida a la vez que sana y reconfortante. Para esta receta necesitarás un rallador de verduras en espiral.

Para 2 personas

PARA LOS FIDEOS

aceite de oliva

1 tallo de apio cortado en trozos pequeños

5 dientes de ajo chafados

2,5 cm de raíz de jengibre rallada fina

una pizca de sal

250 g de champiñones cortados en láminas finas

2 boniatos pequeños (unos 200 g cada uno), pelados y rallados con el rallador en espiral

100 g de espinacas baby

PARA LA SALSA

3 cucharadas de manteca de cacahuete crujiente (o de manteca de almendra)

70 ml de leche de almendra, y un poco más si es necesario

1 cucharadita de tamari

1 cucharadita de chile en escamas

el zumo de 1 lima

1 cucharadita de miel

un chorrito de aceite de oliva, si es necesario

Calienta un chorrito de aceite en una sartén grande. Añade el apio, el ajo, el jengibre y la sal y saltea a fuego lento hasta que el apio se reblandezca. Añade los champiñones cuando el aceite lleve un par de minutos borboteando.

Al cabo de más o menos un minuto, incorpora los boniatos y rehoga durante 10 minutos más.

A continuación, prepara la salsa satay. Para ello, sólo debes introducir todos los ingredientes en una batidora de vaso y triturarlos hasta obtener una mezcla sin grumos (añade aceite si es necesario) y condimentar con sal.

Cuando los fideos y los champiñones estén tiernos, agrega las espinacas y la salsa satay. Remueve hasta que las espinacas estén rehogadas, y la salsa, caliente. Si la ves un poco espesa, añade un poco de agua, aceite de oliva o leche de almendra y remueve hasta que consigas la consistencia deseada.

CONSEJO
Corta los extremos de los boniatos antes de pasarlos por el rallador de verduras en espiral. ¡Te facilitará mucho las cosas!

VERDURITAS SALTEADAS CON TAMARI

*Además de ser muy sabrosas, estas verduritas constituyen un modo muy sencillo
de añadir valor nutritivo a las comidas y combinan a la perfección con los fideos
de boniato con salsa satay cremosa de cacahuete (véase la receta en la pág. 86).
Los calabacines, el brócoli y la col kale se saltean ligeramente con una mezcla de tamari
y aceite de sésamo, ¡una manera rápida de convertirlos en una auténtica delicia!*

Para 4 personas

SIN FRUTOS SECOS

3 cucharadas de tamari

2 cucharaditas de aceite de sésamo
tostado

1 cucharada de aceite de oliva

2 calabacines cortados en dos a lo largo
y luego en medias lunas

200 g de tallos de broccolini, o brócoli baby,
cada uno dividido en tres

100 g de col kale troceada, sin los tallos
más duros

un puñado de semillas de sésamo tostadas

Calienta el tamari junto con el aceite
de sésamo y el de oliva en una sartén
grande. Añade los calabacines y el brócoli
y sofríelos a fuego vivo durante 3 minutos.

Agrega la col rizada y rehoga 2 minutos más,
hasta que las hojas queden un poco blandas.
Retira las verduritas del fuego y colócalas
en una bandeja.

Antes de llevarlas a la mesa, añade
las semillas de sésamo tostadas.

DE LA SARTÉN AL PLATO

10 minutos.

PHO DE CHILE Y JENGIBRE

Ésta es una versión simplificada de la clásica receta de un pho. Si te animas a probarla, verás como, en vez de invertir horas cocinándola a fuego lento, podrás tener la cena lista en veinte minutos. La base del caldo, elaborada con muchas verduras, fideos de trigo sarraceno y cilantro fresco, está aromatizada con sésamo, jengibre, cebolleta, chile y lima. Es una cena de lo más reconfortante que te calentará por dentro y te rejuvenecerá por fuera.

Para 4 personas

SIN FRUTOS SECOS

2 raciones de fideos de trigo sarraceno, o incluso de espaguetis de calabacín

25 g de setas shiitake

2 cucharaditas de aceite de sésamo tostado

un buen pellizco de raíz de jengibre rallada fina

2 dientes de ajo picados finos

2 chiles rojos cortados en rodajas finas

2 cebolletas cortadas en cuartos

2 cucharadas de pasta de miso marrón

2 cucharadas de tamari

100 g de maíz baby

250 g de bok choy cortado fino

120 g de brotes de soja

2 zanahorias peladas y cortadas en juliana

un puñado de cilantro fresco picado grueso

el zumo de 1 lima, y unas cuñas para servir

Prepara los fideos de acuerdo con las instrucciones del envase. A continuación, viértelos en un colador y enjuágalos con agua fría. Pon los shiitake secos en un recipiente grande, llénalo con 500 ml de agua hirviendo y deja que las setas reposen durante 20 minutos.

Calienta el aceite de sésamo en un wok, o en una sartén grande, agrega el jengibre, el ajo, los chiles y las cebolletas, y saltea un minuto más o menos. Ve removiendo y asegúrate de que el ajo no se queme.

Añade un poco de agua y deja que hierva durante un par de minutos. Incorpora el miso, el tamari y 500 ml más de agua hirviendo. Deja cocer el caldo hasta que los shiitake del otro recipiente estén listos. En ese momento debes incorporarlos junto con el agua en la que han estado en remojo (excepto el poso, pues puede contener arenilla). Hierve durante 5 minutos más.

Agrega el maíz y el bok choy y deja que cueza otros 5 minutos. Añade los brotes de soja y las zanahorias y remueve.

Reparte los fideos en 4 cuencos y vierte encima el caldo a cucharones. Condiméntalo con cilantro picado y zumo de lima, y sírvelo con unas cuñas de lima.

ROLLITOS DE VERANO CON SÉSAMO, SIROPE DE ARCE Y SALSA DE ALMENDRAS DULCES

Estos rollitos son uno de mis bocados favoritos cuando quiero comer algo rápido. Sólo se tarda 5 minutos en elaborarlos, y lo que también me encanta de ellos es que luego apenas hay que fregar nada. Los preparo como aperitivo para mis amigos y, cómo no, en las fiestas para picar. Por su sabor, combinan muy bien con el pho de chile y jengibre (véase la receta en la pág. 92). Es una comida ligera y deliciosa a la vez.

Para 10 rollitos

PARA LOS ROLLITOS

1 pepino pelado

un puñadito de cilantro fresco

el zumo de 1-2 limas (dependiendo de lo jugosas que sean; si no sacas mucho zumo de la primera, coge una segunda para lograr un sabor potente a lima en el aderezo)

1 cucharada de sirope de arce

1 cucharada de aceite de sésamo tostado

1 cucharada de semillas de sésamo

1 cucharada de aceite de oliva

sal

10 láminas de papel de arroz

1 aguacate grande y maduro pelado, deshuesado y cortado en trozos pequeños

PARA LA SALSA

1 cucharada de manteca de almendra

1 cucharada de semillas de sésamo

1 cucharada de aceite de oliva

1 cucharada de aceite de sésamo tostado

1 cucharada de sirope de arce

el zumo de 1 lima

1 cucharada de tamari

Corta el pepino en rodajas finas y luego éstas en cuartos, y pica muy bien el cilantro.

En un cuenco, mezcla el pepino con el zumo de lima, el sirope de arce, el aceite y las semillas de sésamo, el cilantro, el aceite de oliva y la sal y déjalo marinar durante unos minutos.

Prepara las láminas de papel de arroz. Para ello, introdúcelas individualmente en agua caliente para que se reblandezcan. Reparte la preparación hecha con pepino entre las 10 láminas, poniéndola en el centro de cada una de ellas, y añade un poco de aguacate. Por último, enróllalas.

Para elaborar la salsa, sólo debes mezclar todos los ingredientes en un cuenco. ¡Y ya estará lista para que mojes en ella los rollitos!

QUINUA CON PISTACHOS Y OREJONES DE ALBARICOQUE

Esta receta es muy sencilla y rápida de preparar. Además, combina muy bien con la ensalada de col con sésamo (véase la receta en la pág. 99). En verano, estos dos platos constituyen uno de mis almuerzos favoritos. Los sabores de esta receta son increíblemente sutiles. Los orejones le proporcionan un toque dulce y una textura sorprendente, mientras que el pepino le añade frescor, y los pistachos, una nota crujiente muy agradable.

Para 3 personas

PARA LA QUINUA
200 g de quinua
sal
1 pepino pequeño
15 orejones de albaricoque
   (preferiblemente ecológicos)
80 g de pistachos
un puñado de rúcula (opcional)

PARA EL ALIÑO
la ralladura fina y el zumo de 1 limón
   sin encerar
1 cucharadita de comino molido
2 cucharadas de vinagre de sidra
4 cucharadas de aceite de oliva
sal

En un cazo, pon la quinua con 500 ml de agua y un buen pellizco de sal, y llévalo a ebullición. Baja entonces la temperatura y déjala cocer a fuego lento entre 10 y 15 minutos, o hasta que la quinua haya absorbido el agua y esté blanda y esponjosa. Traspásala a una ensaladera y deja que se enfríe.

Mientras tanto, trocea el pepino fino y corta cada orejón en seis partes.

Mezcla todos los ingredientes para el aliño.

Mezcla la quinua fría con el pepino, los orejones y la mayor parte de los pistachos. Añade el aliño y remueve bien.

Por último, esparce por encima el resto de los pistachos. Si lo deseas, también puedes servir el plato con un poco de rúcula.

ENSALADA DE COL CON SÉSAMO

Ésta es una de mis ensaladas rápidas favoritas, porque es superfácil de preparar y muy sabrosa. Sé que una ensalada de col no es la cosa más emocionante del mundo —y que, para mucha gente, esta verdura no figura entre sus alimentos preferidos—, pero en esta receta queda riquísima, por lo que vale la pena probarla. ¡Te prometo que te sorprenderá lo mucho que te gustará! Está deliciosa con la quinua con pistachos y orejones de albaricoque, pero también me encanta combinarla con los plátanos al horno con salsa dulce de chile (véanse las recetas en las págs. 96 y 187); sin duda, son una combinación increíble.

Para 3 personas

SIN FRUTOS SECOS

2 zanahorias

⅓ de col blanca

la ralladura fina de 1 lima sin encerar
    y el zumo de 2 limas

2 cucharadas de semillas de sésamo

2 cucharadas de aceite de sésamo tostado

5 cucharadas de aceite de oliva

2 cucharadas de tamari

1 cucharada de miel

un pellizco generoso de sal

Empieza pelando y rallando las zanahorias (utiliza para ello la parte de los agujeros gruesos del rallador manual o bien selecciona la función para rallar verduras en el robot de cocina). A continuación, con la ayuda de un cuchillo afilado corta la col en tiras finas y mézclalo todo en un cuenco.

Añade la ralladura de 1 lima y el zumo de 2 en el recipiente. Incorpora las semillas y el aceite de sésamo, el aceite de oliva, el tamari, la miel y la sal, y remueve bien, hasta que las zanahorias y la col queden bien aliñadas.

Deja reposar la ensalada entre 10 y 20 minutos antes de servir; de este modo, la col se reblandecerá un poco y absorberá mejor los sabores del aliño.

SUPERRÁPIDO
10 minutos, más el tiempo de marinar.

TEMPEH SALTEADO CON PESTO DE AJO ASADO Y ALMENDRA

Últimamente he aprendido a disfrutar del tempeh. Está claro que, por sí mismo, no es un alimento que despierte grandes pasiones, pero sabe de maravilla si lo salteas con unas cebolletas y un poco de tamari, lo sumerges en un pesto de ajo asado y almendra y lo incorporas a un bol de arroz con hinojo asado, sésamo y cilantro (véase la receta en la pág. 104).

Para 2 personas

PARA EL PESTO

6 dientes grandes de ajo sin pelar

100 g de almendras peladas

50 g de albahaca fresca

el zumo de 1 limón grande

10 cucharadas de aceite de oliva

sal

PARA EL TEMPEH

200 g de tempeh

2 cebolletas

2 cucharaditas de aceite de coco

1 cucharadita de vinagre de sidra

1 cucharadita de tamari

Para preparar el pesto, precalienta el horno a 200 °C (180 °C si es de convección). Pon el ajo y las almendras en una bandeja refractaria y hornéalos durante 10 minutos. Retíralos del horno y deja que se enfríen.

Una vez fríos, quítales la piel a los ajos e introduce los dientes pelados junto con las almendras y los demás ingredientes en un robot de cocina. Tritúralo hasta obtener una mezcla homogénea, que traspasarás a un cuenco y reservarás.

Corta el tempeh en porciones cuadradas del tamaño de un bocado, y las cebolletas, en rodajas.

Calienta el aceite de coco en una sartén. Cuando se diluya, añade las cebolletas, el vinagre, el tamari y el tempeh.

Saltéalo durante 10 minutos a fuego vivo o hasta que el tempeh se dore y se vuelva crujiente.

Añade el tempeh a un bol de arroz con hinojo asado, sésamo y cilantro (u otro plato parecido) junto con el pesto. Lo recomiendo sobre todo con quinua o arroz integral.

BOL DE ARROZ CON HINOJO ASADO, SÉSAMO Y CILANTRO

Este bol de arroz integral con cremosos trocitos de aguacate, pimientos e hinojo asados y un increíble aliño de ajo es una de mis cenas favoritas. Es una receta fabulosa por sí misma, pero también cuando se sirve con tempeh salteado y una buena cucharada de pesto de ajo asado y almendra (véase la receta en la pág. 102), con el que aderezar cada bocado.

Para 2 personas

SIN FRUTOS SECOS

PARA EL BOL DE ARROZ

70 g de arroz integral de grano corto

1 cucharada de vinagre de sidra

1 cucharada de tamari

sal

1 bulbo de hinojo

2 pimientos rojos

aceite de oliva

5-10 g de cilantro fresco

1 aguacate maduro

2 cucharadas de semillas de sésamo

PARA EL ALIÑO

4 dientes de ajo sin pelar

3 cucharadas de aceite de oliva

2 cucharaditas de vinagre de sidra

1 cucharadita de tamari

Cuece el arroz integral con el tamari, el vinagre y la sal durante unos 40 minutos.

Precalienta el horno a 200 °C (180 °C si es de convección).

Corta el hinojo en rodajas y cada pimiento en 8 trozos. Colócalos en una bandeja refractaria y añádeles aceite de oliva y sal. Hornéalos entre 15 y 20 minutos, hasta que se doren por los bordes. A los 10 minutos de cocción, incorpora los dientes de ajo, que usarás luego en el aliño.

Deja que el arroz, las verduras y el ajo se enfríen.

Ahora pica muy fino el cilantro. Pela
el aguacate, deshuésalo y córtalo en
porciones del tamaño de un bocado.
Trocea las verduras asadas y añádeselas
al arroz, junto con las semillas de sésamo
y el aguacate.

Pela los dientes de ajo asados, cháfalos
con un tenedor (deberían haber quedado
muy blandos) y mézclalos con los otros
ingredientes del aliño. Incorpóralo al arroz
y esparce el cilantro por encima. Sírvelo
en una bonita ensaladera.

BANQUETES

CENAS RELAJADAS PARA COMPARTIR Y SABOREAR

BANQUETES

Invitar a tus amigos a comer o a cenar a casa es uno de los grandes
placeres que ofrece la vida. Muy pocas cosas hacen que me sienta
tan feliz como cocinar montañas de exquisiteces para mis seres queridos.
Este capítulo está dedicado a esas ocasiones y espero que te ayude a descubrir
distintas formas de disfrutar con los tuyos de la comida que más te gusta, para
que podáis compartirla y entiendan que además de nutritiva es deliciosa.
Aunque en estas páginas voy a presentarte muchas recetas fantásticas, debo
reconocer que siento debilidad por el risotto de guisantes, calabacín y coco,
servido con brócoli con chile y ajo (ideal para una velada agradable), por las
quesadillas con crema agria de anacardos y guacamole, por las alubias negras
refritas con salsa picante (para esas noches divertidas con tus amigos)
y por los filetes de coliflor marinados con quinua al chile y el hummus
de tomates secos y alubias (perfectos para las noches de verano).

MENÚS

FIESTA MEXICANA

Tortillas para quesadillas

Alubias negras refritas con salsa picante

Crema agria de anacardos y guacamole

RECONFORTANTE

Risotto de guisantes, calabacín y coco

Brócoli con chile y ajo

ALMUERZO DOMINICAL

Pastel de frutos secos y hierbas aromáticas

Verduras de raíz asadas con sirope de arce

Salsa de champiñones

BANQUETE INDIO

Chana masala

Aloo gobi

Arroz con coco

FIESTA EN EL JARDÍN

Filetes de coliflor marinados con quinua al chile

Hummus de tomates secos y alubias

CENA ÍNTIMA EN LA COCINA

Estofado de tres alubias

Mango con pimientos y chile

SENCILLO Y BARATO

Chile de garbanzos con boniatos al horno

Coliflor asada con especias

NOCHE DE CURRI EN CASA

Mis verduritas favoritas con curri

Encurtido de lima y chile

NOCHE DE CITA

Pastel de tomate y berenjena

Espinacas con semillas de mostaza

TORTILLAS PARA QUESADILLAS

Con este plato vas a triunfar. Me encantan las quesadillas, y por eso me entusiasma poder compartirlas contigo. Eran mi comida favorita en la universidad, pero es cierto que luego dejé de comerlas durante un tiempo hasta que creé esta receta. Todo el mundo adora que le sirvan alguna de estas maravillas rellenas de alubias negras refritas con salsa picante o con una crema agria de anacardos y guacamole (véanse las recetas en las págs. 113 y 115, respectivamente). Es una opción estupenda, que demuestra que comer sano no significa sobrevivir a base de col kale y zanahorias... Recomiendo tomar las quesadillas calientes y en compañía de buenos amigos. Como son divertidas aunque no siempre fáciles de comer sin mancharte, ¡no las prepares para una primera cita!

Para 8 tortillas / 4 quesadillas

SIN FRUTOS SECOS
200 g de harina de trigo sarraceno
200 g de polenta
40 g de semillas de chía molidas
2 cucharaditas de sal
aceite de oliva

Precalienta el horno a 200 °C (180 °C si es de convección).

Mezcla todos los ingredientes, salvo el aceite, en un cuenco. Añade poco a poco 300 ml de agua mientras formas una pasta con la ayuda de un tenedor.

Corta dos láminas cuadradas de papel vegetal y colócalas, una al lado de la otra, sobre una superficie de trabajo que esté limpia y seca.

Humedécete las manos y, con una octava parte de la mezcla que has preparado para las tortillas, forma una bola lisa, que dispondrás en el centro de una de las dos láminas de papel vegetal que tienes a punto. Coloca entonces la otra lámina encima y aplasta la masa suavemente con las manos hasta obtener un disco. A continuación, pasa un rodillo desde el centro hacia el exterior para formar un círculo de unos 20 cm de diámetro. Pon la tortilla en una bandeja refractaria y repite la operación hasta que tengas ocho.

Hornéalas durante 4 minutos (si tu horno es pequeño, hazlo por tandas).

En cuanto las saques del horno, retira el papel vegetal y resérvalas.

Pon una sartén grande antiadherente a fuego vivo. Una vez caliente, añade aceite de oliva y una tortilla, y rellénala con tus ingredientes favoritos. Coloca otra tortilla encima, presiónala para aplanarla y cocínala durante 2 minutos. Dale la vuelta con una espátula y deja que se haga por el otro lado entre 1 y 2 minutos. Retírala de la sartén y córtala en cuatro u ocho partes. Repite la operación con el resto de las tortillas.

DE LA SARTÉN AL PLATO
20 minutos.

ALUBIAS NEGRAS REFRITAS CON SALSA PICANTE

En mi opinión, estas alubias son el relleno más delicioso para las tortillas (véase la receta
en la pág. 110). Sin duda, las convierten en una comida agradable y reconfortante,
con una fantástica mezcla de sabores. Mientras que la salsa de tomate aporta un toque fresco
y ligeramente picante al plato, las alubias le dan consistencia y un aroma más intenso y salado.

Para 4 quesadillas (raciones generosas)

SIN FRUTOS SECOS

PARA LAS ALUBIAS NEGRAS

aceite de oliva

4 dientes de ajo chafados

sal y pimienta

1 cucharadita de cilantro molido

½ cucharadita de pimentón ahumado

800 g de alubias negras en conserva
    escurridas y enjuagadas

el zumo de 1 lima

PARA LA SALSA

5 tomates cortados en pequeños trozos

2 chiles rojos, sin semillas, bien picados

1 cucharada de vinagre de sidra

2 cucharadas de aceite de oliva

un puñado de cilantro fresco picado

Empieza con las alubias. Calienta un chorrito
de aceite de oliva en una sartén, añade los
ajos, sal y pimienta y fríelos a fuego medio
durante un minuto más o menos, hasta que
empiecen a volverse translúcidos, pero sin
que se doren.

Incorpora las especias, las alubias y el zumo
de lima. Rehoga durante unos 10 minutos
a fuego lento, para que las legumbres
comiencen a reblandecerse.

Mientras tanto, prepara la salsa. Para ello,
mezcla todos los ingredientes en un cuenco.
Luego cúbrelo y déjalo reposar durante al
menos 5 minutos antes de servirlo. Así se
fusionarán todos los sabores.

Sirve las alubias y la salsa con las tortillas.

COMBÍNALO

Uso 2 chiles para la salsa porque me encanta
el picante, pero, si lo prefieres, puedes poner
menos.

DE LA SARTÉN AL PLATO

15 minutos.

CREMA AGRIA DE ANACARDOS Y GUACAMOLE

Estas dos salsas son ideales para rellenar tortillas, ya que aportan cremosidad a cada bocado. Creé la crema agria de anacardos pensando en la receta de minipatatas al horno (véase la receta en la pág. 210), pero me gustó tanto que decidí usarla también para preparar las quesadillas. Tiene una textura de lo más suave, y a eso se añade el extraordinario sabor del cebollino, el vinagre y el zumo de limón. Además, creo que les va muy bien a las quesadillas y combina a la perfección con este guacamole. No te olvides, sin embargo, que tendrás que ponerte con tiempo, porque hay que dejar los anacardos en remojo.

Para 1 cuenco grande de cada, cantidad suficiente para 4 quesadillas

PARA LA CREMA AGRIA DE ANACARDOS
120 g de anacardos
el zumo de 1 ½ limones
sal y pimienta
1 cucharada de vinagre de sidra
5 g de cebollino picado
3 cebolletas bien picadas

PARA EL GUACAMOLE
3 aguacates
el zumo de 2 limas
1 chile, sin semillas, picado fino
1 tomate maduro, sin semillas, cortado
   en dados pequeños
un puñado de cilantro fresco picado fino

Prepara la crema agria de anacardos con antelación. Para ello, pon los anacardos en un cuenco, cúbrelos con agua y déjalos en remojo durante 4 horas.

Pasado este tiempo, escúrrelos e introdúcelos en una batidora de vaso potente. Añade 2 cucharadas de agua, el zumo de limón, el vinagre, la sal y la pimienta. Tritúralo todo hasta que adquiera una textura cremosa (serán necesarios unos minutos). Agrega

entonces el cebollino y las cebolletas y tritura unos segundos más, hasta que se deshagan pero sin que lleguen a formar una mezcla homogénea. Si prefieres una crema menos espesa, añade un poco de agua.

Para elaborar el guacamole, pela los aguacates, deshuésalos y sácales la pulpa. Luego ponla en un cuenco y cháfala con un tenedor.

Mezcla el resto de los ingredientes con el puré de aguacate y condiméntalo bien.

Para preparar las quesadillas, *véase la receta en la pág. 110.*

SUPERRÁPIDO
10 minutos, más el tiempo de remojo.

RISOTTO DE GUISANTES, CALABACÍN Y COCO

Éste es el plato de mis sueños: cremoso y lleno de sabor, pero a la vez ligero y refrescante. Cocino el arroz con la leche de coco para darle la textura tradicional del risotto, y a continuación le añado un puré de guisantes con zumo de limón y aceite de oliva, que aportan aún más sabor y consistencia al plato. La primera vez que lo preparé, lo compartí con mi hermana —que es una adicta al risotto— y me dijo que ni siquiera pensaba ponerle parmesano... algo que, viniendo de ella, es el mejor de los cumplidos.

Para 4 personas

SIN FRUTOS SECOS

PARA EL RISOTTO

aceite de oliva

2 tallos de apio picados finos

sal y pimienta

5 dientes de ajo chafados

350 g de arroz integral de grano corto

400 ml de leche de coco

2 cucharadas de vinagre de sidra

el zumo de 1 limón

2 calabacines pequeños cortados
    en medias lunas

300 g de guisantes congelados
    (descongelados)

unas ramitas de menta deshojadas
    y picadas gruesas

PARA EL PURÉ CREMOSO DE GUISANTES

200 g de guisantes congelados
    (descongelados)

el zumo de 2 limones

las hojas de 20 g de albahaca fresca

2 cucharadas de levadura nutricional

70 ml de aceite de oliva

Calienta un buen chorro de aceite de oliva en una cacerola con tapa a fuego medio. Añade el apio, salpimiéntalo y rehógalo durante unos 10 minutos, o hasta que se reblandezca. Agrega el ajo y prosigue la cocción un minuto más antes de incorporar el arroz, la leche de coco, 1,2 litros de agua, el vinagre y el zumo de limón. Llévalo a ebullición, baja a fuego lento y deja que cueza durante 50 minutos, tapado, hasta que el arroz esté hecho y haya absorbido el agua. Ve controlándolo y remueve de vez en cuando. Puede ser que tengas que añadir agua durante la cocción, ya que ésta se absorbe y se evapora en mayor o menor cantidad según la forma de la cacerola y de la intensidad del fuego.

Una vez transcurridos los 50 minutos, destapa, añade los calabacines, remueve y déjalo cocer 5 minutos más. Incorpora los 300 g de guisantes descongelados, vuelve a remover y prosigue la cocción otros 5 minutos. Pasado ese tiempo, retíralo del fuego.

Mientras los calabacines y los guisantes se calientan, prepara el puré de guisantes. Para ello, introduce los ingredientes en una batidora de vaso, condimenta y tritura hasta obtener una mezcla homogénea.

Añade el puré al risotto mientras lo remueves. Esparce por encima la menta picada y sírvelo.

BRÓCOLI CON CHILE Y AJO

Esta sencilla pero maravillosa guarnición combina con todo, aunque a mí me gusta especialmente con el risotto de guisantes, calabacín y coco (véase la receta en la pág. 119). Me encanta el contraste del brócoli, ligeramente crujiente, y el risotto, suave y cremoso, y al mismo tiempo que añade sabor y textura, esta receta es una excelente forma de incorporar más verduras a nuestra dieta. En este plato suelo usar al menos seis dientes de ajo salteados, porque me gusta que el sabor sea muy intenso y se note en cada bocado. Sin embargo, si prefieres algo más sutil, no dudes en reducir la cantidad; continuará estando delicioso.

Para 4 personas como guarnición

SIN FRUTOS SECOS

un buen chorro de aceite de oliva
sal y pimienta
4-6 dientes de ajo
1 chile rojo, sin semillas, picado fino
400 g de broccolini, o brócoli baby
el zumo de ½ limón

Calienta el aceite de oliva en un wok o una sartén grande con el ajo, el chile, sal y pimienta. Mantenlo a fuego medio durante unos 3 minutos, hasta que el ajo se reblandezca, pero sin llegar a dorarse.

Mientras tanto, retira las puntas de los tallos de brócoli y córtalos en tres trozos.

Añádelos a la sartén, sube el fuego, vierte el zumo de limón y, sin dejar de remover con una cuchara de madera, cuécelos durante unos 5 minutos o hasta que queden tiernos por fuera pero todavía algo crujientes.

DE LA SARTÉN AL PLATO
10 minutos.

PASTEL DE FRUTOS SECOS Y HIERBAS AROMÁTICAS

Este pastel es una opción vegetariana ideal para compartir con los amigos durante un tranquilo y relajado almuerzo dominical. Está riquísimo y es consistente, y tiene todo el sabor de los piñones, los anacardos, la nuez moscada, la salvia, el estragón, el ajo y el perejil. Me encanta con verduras de raíz asadas con sirope de arce y una gran ración de puré de patata con cúrcuma y semillas de mostaza (véanse las recetas en las págs. 126 y 180, respectivamente).

Para 6 personas

2 cucharadas de aceite de oliva,
   más un chorrito para untar el molde
50 g de piñones
75 g de anacardos
1 tallo de apio troceado
200 g de calabaza violín pelada y cortada
   en pequeños dados
1 zanahoria mediana pelada y cortada
   en trozos pequeños
sal y pimienta
3 dientes de ajo chafados
150 g de champiñones Portobello pequeños
   cortados en pequeños trozos
2 hojas de salvia fresca troceada
1 cucharada de perejil fresco troceado
1 cucharada de estragón fresco troceado
unos pellizcos generosos de nuez moscada
25 g de avena
75 g de harina de arroz integral
½ cucharada de semillas de chía molidas

Precalienta el horno a 200 °C
(180 °C si es de convección).

Unta con aceite un molde de 23 cm de largo o fórralo con papel vegetal. Reparte los piñones y los anacardos en una bandeja refractaria y tuéstalos en el horno unos 10 minutos. Al sacarlos, deberían estar dorados y oler a tostado. Déjalos enfriar.

Mientras, en una sartén grande antiadherente calienta 2 cucharadas de aceite a fuego medio. Saltea el apio, la calabaza y la zanahoria con sal y pimienta. Cuando el apio empiece a volverse translúcido, añade el ajo y prosigue la cocción un minuto. Luego, agrega los champiñones y deja cocer 5 minutos más. Incorpora las hierbas aromáticas y la nuez moscada, y remuévelo.

Introduce la mitad de los frutos secos en un robot de cocina, añade la avena y tritúralo todo bien. Pica el resto de los frutos secos en trozos gruesos e incorpóralos a la sartén junto con los que has triturado. Añade la harina y las semillas de chía y mezcla bien.

Ponlo todo en el molde, presiónalo bien, cúbrelo con papel de aluminio y hornéalo 35 minutos. Quita el papel de aluminio y prosigue la cocción 15 minutos. Sácalo del horno y deja que se enfríe otros 15 minutos. Desmóldalo y córtalo en porciones generosas ya que tiende a desmigarse. Sírvelo con la salsa de champiñones (*véase la receta en la pág. 126*).

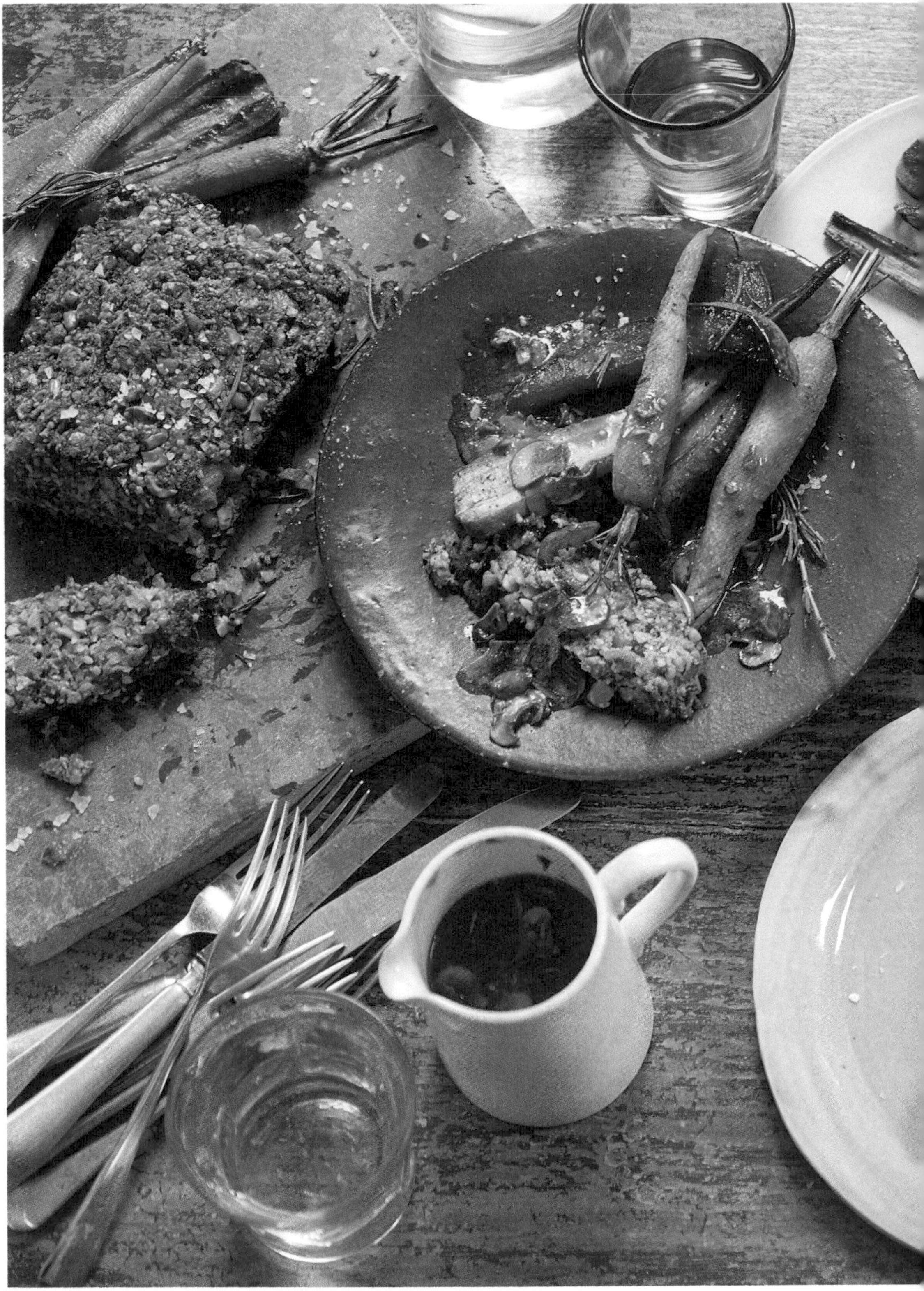

VERDURAS DE RAÍZ ASADAS CON SIROPE DE ARCE

*Ésta es una receta realmente sencilla y la mejor opción para acompañar el almuerzo
dominical. El sirope de arce realza la dulzura natural de unas verduras que, cocinadas
de este modo, se tornan melosas y tiernas y que harán las delicias de todos, mientras
que el pimentón, la pimienta de cayena y el romero le añaden otra dimensión de sabor.
Si no te sientes cómodo con una opción tan vegetariana acompañada sólo con pan de nuez,
prueba a servir las verduritas como guarnición de un asado tradicional; es una forma
estupenda de aficionar a tus amistades y a tus familiares a la comida vegetariana.*

Para 4-6 personas

SIN FRUTOS SECOS

2 boniatos bien lavados
4 zanahorias peladas
4 chirivias peladas
aceite de oliva
3 cucharadas de sirope de arce
1 cucharadita de pimentón ahumado
½ cucharadita de pimienta de cayena
6 ramitas de romero fresco
sal y pimienta

Precalienta el horno a 200 °C
(180 °C si es de convección).

Corta los boniatos en cuñas del mismo
tamaño, y las zanahorias y las chirivias
por la mitad (a lo largo). Coloca todas las
verduras en una sola capa en una o dos
bandejas refractarias. Rocíalas con
aceite de oliva y el sirope de arce y
agrega el pimentón y la pimienta de
cayena. Mézclalo bien, añade el romero
y sazona al gusto.

Hornea las verduras unos 60 minutos.
Durante este tiempo dales la vuelta una o dos
veces. Al término de la cocción deben quedar
doradas y pegajosas, con algunos extremos
ligeramente crujientes... y deliciosos.

SALSA DE CHAMPIÑONES

*Los champiñones y el tamari aportan un sabor muy profundo a esta receta. Además, realzada
con un poco de mostaza y aromatizada con estragón, esta salsa convierte este almuerzo dominical
en una auténtica delicia. Si te gusta que la ración de salsa sea abundante, dobla las cantidades.*

Cantidad suficiente para acompañar
el pastel de frutos secos

10 g de setas porcini secas
2 cucharadas de aceite de oliva, y un poco
    más si es necesario
150 g de champiñones Portobello pequeños,
    cortados en láminas finas

2 dientes de ajo chafados
sal y pimienta
1 cucharada de estragón fresco picado
    fino
1 cucharadita de mostaza de Dijon
1 cucharada de harina de maíz
1 cucharada de tamari

evitar que se queme y se vuelva amargo. Retira las setas porcini del agua, córtalas en láminas finas e incorpóralas a la sartén (reserva el agua para después).

Pon las setas porcini secas en un cuenco con 500 ml de agua hirviendo durante al menos 10 minutos.

Cuando el ajo se vuelva translúcido, añade el estragón, 400 ml del agua de las setas (evita que caigan los restos de arenilla del fondo del cuenco) y la mostaza. Mezcla la harina de maíz con una cucharada de agua y el resultado será una pasta que deberás incorporar ahora a la sartén. Déjalo cocer a fuego lento entre 5 y 10 minutos, hasta que adquiera una bonita consistencia. Añade el tamari y sirve la salsa con el pastel de frutos secos.

Calienta el aceite en una sartén antiadherente a fuego vivo. Incorpora los champiñones frescos y deja que se doren por ambos lados. Baja a fuego lento, agrega el ajo y condimenta (si es necesario, añade un poco más de aceite). Ve removiendo el ajo para

CHANA MASALA

Esta receta está deliciosa y resulta sorprendente cómo la mezcla de especias transforma por completo los garbanzos. Suelo ponerle también puerros y espinacas, porque le añaden sabor y porque siempre me gusta incorporar verduras a los platos, además de que el verde de las espinacas le da un bonito toque de color. Me encanta servirlo con el aloo gobi y el arroz con coco (véanse las recetas en las págs. 130 y 133, respectivamente), con una ración generosa de yogur de coco.

Para 6 personas

SIN FRUTOS SECOS

5 cucharadas de aceite de oliva

6 hojas de curri o 1 cucharadita de curri en polvo

1 puerro cortado en trozos pequeños

½ cucharadita de cúrcuma molida

2 cucharadas de comino molido

2 cucharadas de cilantro molido

2 cucharadas de garam masala

1 cucharadita de chile en polvo

1 cebolla picada fina

2-5 cm de raíz de jengibre rallada fina

5 dientes de ajo rallados finos

800 g de tomate en conserva troceado

2 cucharadas de concentrado de tomate

2 chiles verdes largos cortados a lo largo

abundante sal y pimienta

800 g de garbanzos escurridos y enjuagados

250 g de espinacas baby en hojas

el zumo de ½ limón

hojas de cilantro fresco para servir

Calienta el aceite en una cacerola grande y añade las hojas de curri, si vas a utilizarlas. Deja que crepiten y desprendan su aroma durante unos minutos. Agrega el puerro y remueve.

A continuación, incorpora las especias secas —incluido el curri en polvo, si no lo usas en hojas— y remueve bien para que se mezclen con el puerro. Rehógalo durante unos minutos antes de añadir la cebolla, el jengibre y el ajo; en este punto, puedes agregar 1 o 2 cucharadas de agua si ves que se te pega. Prosigue la cocción unos minutos antes de añadir los tomates troceados, el concentrado de tomate, los chiles verdes, la sal y la pimienta. Una vez que hayas incorporado el tomate en conserva, echa un poco de agua en las latas para aprovechar el jugo que quede y viértelo en la cacerola. Deja cocer a fuego lento durante 20 minutos.

Agrega los garbanzos y déjalo cocer 10 minutos más.

Incorpora las espinacas, remueve y póchalas unos minutos. Luego deja que el plato se atempere un poco, sazónalo con el zumo de limón y sirve el curri en boles con unas hojas de cilantro.

ALOO GOBI

Cerca de casa hay un pequeño restaurante indio que es nuestro favorito. Matt y yo vamos muy a menudo y a mí me encanta pedir aloo gobi y chana masala. Creo que son dos recetas que combinan a la perfección, y cuando las cocino en casa me gusta servirlas sobre un lecho de arroz con coco cremoso (véase la receta en la pág. 133), algo que en mi opinión incluso las mejora. Me encanta esta mezcla de sabores que convierte la coliflor y las patatas en algo muy especial. Espero que os haga disfrutar a todos.

Para 6 personas

SIN FRUTOS SECOS

2 coliflores pequeñas cortadas en cogollitos
4 cucharadas de aceite de oliva
sal y pimienta
500 g de patatas baby, bien lavadas y
    cortadas en cuartos
½ rama de canela
½ cucharadita de granos de pimienta negra
    enteros
5 vainas de cardamomo verde chafadas
1 cucharada de semillas de mostaza
½ cucharadita de cúrcuma molida
2 cucharaditas de comino molido
2 cucharaditas de cilantro molido
5 dientes de ajo rallados finos
2,5 cm de raíz de jengibre rallada fina
100 g de tomates cherry cortados por la
    mitad
2 cucharadas de concentrado de tomate
1 cucharada de vinagre de sidra
2 chiles verdes largos cortados en rodajas
el zumo de ½ limón
hojas de cilantro fresco picadas (para
    decorar)

Precalienta el horno a 220 °C
(200 °C si es de convección).

Pon la coliflor en una bandeja refractaria, sazónala con un chorrito de aceite y sal y hornéala durante 20 minutos. Recuerda que has de removerla a media cocción.

Mientras, cuece las patatas entre 10 y 15 minutos, o hasta que estén bien hechas. Escúrrelas y resérvalas.

En una cacerola grande, calienta el aceite de oliva restante a fuego lento y añade todas las especias secas. Cocínalas durante unos minutos, removiendo de vez en cuando, hasta que empiecen a desprender todos sus aromas.

A continuación, agrega el ajo, el jengibre, los tomates, el concentrado de tomate, el vinagre y los chiles verdes. Vierte 200 ml de agua y déjalo cocer 3 minutos. Incorpora las patatas y la coliflor, exprime encima el limón, sazónalo con un buen pellizco de sal y pimienta y remuévelo asegurándote de que la salsa condimentada recubre todas las verduras.

Déjalo cocer 5 minutos más y el plato estará listo.

Esparce por encima el cilantro fresco y sírvelo con el chana masala y el arroz con coco *(véanse las recetas en las págs. 129 y 133, respectivamente)*.

ARROZ CON COCO

La primera vez que comí arroz con coco fue hace unos años, en un viaje a Colombia. Y me enamoré de él. Sin duda, es la mejor manera de convertir un simple arroz en algo realmente fabuloso. Para mí constituye la base perfecta para una fiesta inspirada en la India, pues es sutil y sencillo a la vez, absorbe todos los sabores y las especias del aloo gobi y del chana masala (véanse las recetas en las págs. 130 y 129, respectivamente) y aporta un toque cremoso a cada bocado.

Para 6 personas

SIN FRUTOS SECOS

500 g de arroz integral
  de grano corto
400 ml de leche de coco
el zumo de 2 limas
un pellizco generoso de sal

Pon el arroz en una cacerola. Añade la leche de coco, el zumo de lima, sal y 800 ml de agua hirviendo. Remuévelo bien y tapa.

Llévalo a ebullición y luego reduce a fuego lento y déjalo cocer durante unos 45 minutos, o hasta que el arroz esté bien hecho.

CONSEJO

Puedes preparar el arroz de esta manera y servirlo con todos tus estofados y curris. ¡A tus amigos les encantará!

FILETES DE COLIFLOR MARINADOS CON QUINUA AL CHILE

Este plato rebosa de sabor. Los filetes de coliflor se dejan marinar durante una hora en una deliciosa mezcla de especias y zumo de limón y luego se hornean: el resultado es algo realmente especial. Me gusta servirlos sobre un lecho de quinua con aguacate y espinacas aromatizada con cilantro fresco, aceite de sésamo y tamari. Dicho así, parece un poco complicado, pero no te preocupes, porque es de lo más sencillo de preparar... Si lo acompañas con hummus de tomates secos y alubias (véase la receta en la pág. 137), le darás el toque final perfecto.

Para 4 personas

SIN FRUTOS SECOS

PARA LOS FILETES DE COLIFLOR

2 cogollos de coliflor cortados en 4 «filetes» gruesos

½ cucharadita de cúrcuma molida

2 cucharaditas de comino molido

2 cucharaditas de pimentón

½ cucharadita de chile en polvo

50 ml de aceite de oliva

sal y pimienta

el zumo de ½ limón

PARA LA QUINUA CON CHILE

200 g de quinua

20 g de cilantro fresco picado finamente

1 chile rojo, sin semillas, bien picado

1 aguacate

3 cucharadas de aceite de oliva

2 cucharadas de vinagre de sidra

el zumo de ½ limón

1 cucharada de aceite de sésamo tostado

1 cucharada de tamari

½ cucharadita de chile en polvo

100 g de espinacas

Coloca los filetes de coliflor en una bandeja refractaria. Ponlos en una sola capa. Mezcla los otros ingredientes en un cuenco con 25 ml de agua para preparar el aliño, que verterás sobre la coliflor. Da la vuelta a los filetes para que queden bien cubiertos y deja que marinen al menos una hora.

Precalienta el horno a 180 °C (160 °C si es de convección).

Asa la coliflor durante unos 40 minutos o hasta que se reblandezca. Muévela y dale la vuelta de vez en cuando.

Mientras, prepara la quinua. Ponla en una cacerola con 450 ml de agua y una pizca de sal. Tápala, llévala a ebullición y baja a fuego lento. Cuécela entre 12 y 15 minutos.

Mezcla el cilantro y el chile. Pela el aguacate y deshuésalo, chafa la pulpa y añádela al cilantro y al chile, junto con el aceite de oliva, el vinagre, el zumo de limón, el aceite de sésamo y el tamari. Sazónalo bien y agrega el chile en polvo. Una vez cocida la quinua, incorpora las espinacas para que se pochen un poco y, a continuación, la mezcla a base de aguacate.

Sirve los filetes de coliflor sobre un lecho de quinua y con una buena ración de hummus de tomates secos y alubias.

HUMMUS DE TOMATES SECOS Y ALUBIAS

Como muchos ya sabréis, soy una adicta al hummus: es mi tentempié favorito y lo consumo a diario. Por eso, no es de extrañar que siempre esté buscando nuevas y mejores maneras de elaborarlo. Además, es un plato ideal para compartir con los amigos y acostumbro a tener siempre un bol preparado cuando vienen a cenar. Esta versión os encantará, ya que los tomates secos le añaden un sabor estupendo y las alubias le proporcionan una cremosidad muy especial. Está buenísimo con los filetes de coliflor marinados (véase la receta en la pág. 134), ya que el hummus complementa a la perfección la mezcla de especias de ese plato, pero también puedes servirlo con unos crackers y unas crudités como aperitivo. Yo suelo preparar de más para tener siempre en el frigorífico, y así puedo disfrutarlo durante toda la semana.

Para **1 bol grande**

SIN FRUTOS SECOS

800 g de alubias en conserva, escurridas
   y enjuagadas
280 g (170 g escurridos) de tomates secos
   en aceite, escurridos y troceados
2 cucharadas de tahina
el zumo de 2 limones
2 cucharaditas de comino molido
2 cucharadas de aceite de oliva
½ cucharada de vinagre de sidra
sal y pimienta

Sólo tienes que introducir todos los ingredientes en un robot de cocina con 50 ml de agua y triturarlo todo hasta que obtengas un hummus cremoso y sin grumos. Sazónalo al gusto.

Guarda lo que te sobre en un tarro hermético en el frigorífico; se conserva entre 5 y 7 días.

SUPERRÁPIDO
10 minutos.

ESTOFADO DE TRES ALUBIAS

Me gusta preparar este plato cuando llega el otoño y empieza a refrescar. Es consistente y muy reconfortante, y sabe realmente bien servido sobre un lecho caliente de arroz integral o quinua y coronado con una buena ración de mango con pimientos y chile (véase la receta en la pág. 143). Me encanta la mezcla de alubias, ya que crean una fantástica combinación de texturas. Como se puede congelar, puedes preparar estofado de más y guardarlo para disfrutar de una comida sana un día que no tengas tiempo de cocinar. Nunca he sido una gran consumidora de cebolla, porque no me sentaba bien, pero poco a poco he ido reintroduciéndola en mi dieta; verás que ahora la uso más, pero si no te entusiasma su sabor, no dudes en quitarla de la lista de ingredientes.

Para 6 personas

SIN FRUTOS SECOS

un buen chorro de aceite de oliva

2 tallos de apio cortados en trozos
    pequeños

1 cebolla mediana picada fina (opcional)

sal y pimienta

4 dientes de ajo bien picados

2 chiles rojos, sin semillas, cortados
    en trozos pequeños

400 g de tomates en conserva troceados

4 cucharadas de concentrado de tomate

2 pimientos rojos cortados en tiras finas

400 g de alubias negras en conserva,
    escurridas y enjuagadas

400 g de alubias cannellini en conserva,
    escurridas y enjuagadas

400 g de alubias en conserva, escurridas
    y enjuagadas

un puñado grande de cilantro fresco

Calienta el aceite en una cacerola grande a fuego medio. Añade el apio y la cebolla (si al final la usas) y salpimienta generosamente. Remuévelo bien. Sofríelo hasta que el apio se vuelva translúcido. Agrega entonces el ajo y los chiles y prosigue la cocción un minuto más, removiendo para que no se pegue.

Incorpora los tomates en conserva, el concentrado de tomate, los pimientos rojos y 350 ml de agua, y cuece a fuego lento durante unos 30 minutos. Remuévelo de vez en cuando para que los tomates se deshagan, hasta que la salsa empiece a reducirse y los pimientos se reblandezcan.

Justo antes de servir, añade las alubias. Necesitarán unos 10 minutos para cocerse. Pasado este tiempo, apaga el fuego y deja que se atemperen un poco.

Sirve el estofado en boles, mezclado con un poco de mango con pimientos y chile y coronado con cilantro.

MANGO CON PIMIENTOS Y CHILE

Puede que te parezca extraño utilizar mango en un estofado de alubias, pero créeme cuando te digo que sabe increíble y le aporta un contraste fantástico que disfrutarás en cada bocado. Además de endulzar el plato y darle frescor, también le añade color, lo que proporciona un aspecto mucho más atractivo, que lo hará irresistible para tus amigos y familiares. También puedes usar esta receta para darles un toque a las chips de tortilla ahumadas al horno o como relleno veraniego para las quesadillas (véanse las recetas en las págs. 199 y 110, respectivamente). Si te gusta la cebolla, prueba a incorporar una roja y dulce, picada muy fina, para darle una nota crujiente.

Para 6 personas

SIN FRUTOS SECOS

3 mangos maduros

1 pimiento rojo, sin semillas

1 chile jalapeño sin semillas, bien picado

el zumo de 2 limas

1 cucharadita de vinagre de sidra

3 cucharadas de aceite de oliva

sal

un puñado pequeño de hojas de cilantro
    fresco picadas

Pela los mangos, deshuésalos y trocéalos en porciones del tamaño de un bocado. Corta el pimiento rojo en dados (deberían ser más pequeños que los de mango).

En un cuenco, mezcla los mangos, el pimiento, el chile, el zumo de lima, el vinagre, el aceite de oliva y la sal. Remuévelo bien para que todo quede bañado con el aceite y el zumo de lima.

Condiméntalo con el cilantro.

SUPERRÁPIDO

10 minutos.

CHILE DE GARBANZOS CON BONIATOS AL HORNO

Éste es uno de los platos fáciles que más consumo. Es sencillo de preparar y sólo necesitas un par de ingredientes frescos; los demás son de los que se suelen tener en la despensa, así que al tiempo que ahorras dinero, le das un buen uso a lo que ya has comprado. Te prometo que es de lo más sabroso, gracias a la mezcla de especias, miso, ajo y chile. Me encanta cocinarlo en grandes cantidades y servirlo con una buena ración de coliflor asada con especias como acompañamiento (véase la receta en la pág. 149). Es tan reconfortante que resulta un plato perfecto para alimentar a una tropa de amigos hambrientos. Acostumbro a congelar las sobras y así tengo siempre lista una comida sana. Si no dispones de mucho tiempo para prepararla, sustituye los boniatos al horno por quinua, ya que ésta se cuece en sólo quince minutos.

Para 4 personas

SIN FRUTOS SECOS

PARA LOS BONIATOS

4 boniatos medianos bien lavados
un chorrito de aceite de oliva
sal marina en escamas

PARA EL CHILE

2 chiles rojos picados finos
2 tallos de apio troceados
aceite de oliva
4 dientes de ajo chafados
1 cucharadita de pasta de miso
2 cucharaditas de semillas de mostaza
2 cucharaditas de pimentón
2 cucharaditas de comino molido
½ cucharadita de chile en polvo
sal y pimienta
300 g de tomates cherry en cuartos
400 g de tomates en conserva troceados
3 cucharadas de concentrado de tomate
800 g de garbanzos en conserva, escurridos
   y enjuagados
2 cucharadas de vinagre de sidra
200 g de espinacas
yogur de coco para servir

Precalienta el horno a 220 °C
(200 °C si es de convección).

Forra una bandeja refractaria con papel vegetal y coloca en ella los boniatos. Pínchalos por varios sitios para permitir que salga el aire mientras se cuecen.

Viértete un chorrito de aceite de oliva en las manos y frota los boniatos a conciencia para que queden bien cubiertos. Ponlos de nuevo en la bandeja y rocíalos de manera uniforme con sal marina en escamas.

Hornéalos durante una hora, hasta que estén tiernos por dentro.

Mientras, prepara el chile. Para ello, pon una sartén grande a fuego entre medio y vivo con un chorro generoso de aceite de oliva, y rehoga los chiles, el apio, el ajo, el miso, las semillas de mostaza, el pimentón, el comino, el chile en polvo, la sal y la pimienta durante unos 5 minutos o hasta que se reblandezca el apio.

Añade los tomates cherry, los troceados en conserva y el concentrado de tomate. A continuación, incorpora los garbanzos y el vinagre y remuévelo todo con cuidado.

Déjalo cocer durante unos 30 minutos.
Justo antes de llevarlo a la mesa, agrega
las espinacas y rehógalas. Rectifica de sal y
sirve el chile con los boniatos al horno y una
cucharada de yogur de coco.

COMBÍNALO

Prueba los boniatos rellenos con alubias
con sirope de arce y romero (*véase la receta
en la pág. 51*).

COLIFLOR ASADA CON ESPECIAS

La coliflor es una de las mejores verduras porque es de lo más versátil. Está especialmente deliciosa cuando se asa con muchas especias, hasta que se dora y se vuelve un poco crujiente. Así está insuperable. Las especias hacen maravillas en este plato, pues aportan un sabor extraordinario a cada bocado y complementan las que lleva en el chile de garbanzos (véase la receta en la pág. 144); por eso estas dos recetas combinan tan bien.

Para 4 personas como guarnición

SIN FRUTOS SECOS

3 cucharadas de aceite de oliva
1 cucharadita de cúrcuma molida
½ cucharadita de pimienta de cayena
½ cucharadita de comino molido
sal y pimienta abundante
1 coliflor cortada en cogollitos

Precalienta el horno a 220 °C (200 °C si es de convección).

Con la batidora y en un cuenco grande, mezcla las especias y el aceite. Luego añade los cogollos de coliflor y remuévelo todo bien con unas cucharas si no quieres mancharte los dedos de cúrcuma (te los puede teñir de amarillo). Los cogollos deben quedar bien bañados con el aceite especiado.

Coloca la coliflor en una bandeja refractaria y ásala entre 35 y 40 minutos, hasta que se dore.

MIS VERDURITAS FAVORITAS CON CURRI

He aquí la mejor comida para una agradable noche en el sofá. Cada bocado está lleno de sabor, y es que las zanahorias, los pimientos, la coliflor, los guisantes y las espinacas se cocinan con una extraordinaria mezcla de leche de coco y especias. Me encanta servirla en un gran bol con un lecho de arroz integral caliente bajo el curri y una buena cucharada del encurtido de lima y chile (véase la receta en la pág. 153). Si no te lo acabas todo, al día siguiente sabe incluso mejor.

Para 3 o 4 personas (raciones generosas)

SIN FRUTOS SECOS

1 coliflor mediana cortada en cogollitos
    de un tamaño similar

4 cucharadas de aceite de oliva

sal y pimienta

4 zanahorias peladas y cortadas en rodajas
    de 2,5 cm en diagonal

2 pimientos rojos, sin semillas, cortados
    en trozos de 2,5 cm

2 cucharadas de semillas de comino

5 dientes de ajo rallados finos

5 cm de raíz de jengibre rallada fina

½ cucharadita de cúrcuma molida

3 cucharaditas de cilantro molido

2 cucharaditas de comino molido

1 cucharada de curri en polvo

5 clavos

3 cucharadas de concentrado de tomate

400 g de tomates en conserva troceados

400 ml de leche de coco

2 chiles verdes largos

el zumo de ½ limón (o al gusto)

200 g de espinacas baby frescas

100 g de guisantes congelados

un puñado grande de hojas de cilantro
    fresco troceadas

Precalienta el horno a 210 °C
(190 °C si es de convección).

Prepara dos bandejas refractarias. Pon la coliflor en la primera, rocíala con una cucharada de aceite, salpimiéntala y remuévela para que quede recubierta de manera uniforme. Coloca las zanahorias y los pimientos en la segunda bandeja, condiméntalos con una cucharada de aceite, sal, pimienta y las semillas de comino y mezcla bien con las manos. Pon las dos bandejas en el horno durante 45 minutos. Échales un vistazo cada 10 minutos a las verduras y las hortalizas (las zanahorias y los pimientos deben reblandecerse y arrugarse, mientras que la coliflor se ennegrecerá un poco, lo que hará que luego desprenda un magnífico sabor a asado).

Entretanto, en una olla alta, calienta a fuego lento las 2 cucharadas restantes de aceite de oliva. Añade el ajo y el jengibre con una pizca de sal y remuévelos para que se hagan un poco sin dorarse. Cuando empiecen a liberar su aroma, agrega el resto de las especias secas y mézclalo todo, asegurándote de nuevo de que no se quemen. Incorpora el concentrado de tomate, remueve y después agrega los tomates en conserva y la leche de coco. Llévalo a ebullición, baja entonces el fuego y déjalo cocer a fuego lento. Añade los chiles verdes. Si, como a mi, te gusta la comida picante, ábrelos y agrega las semillas;

si, por el contrario, prefieres un curri más suave, échalos enteros. Cuanto más tiempo lo dejes, más sabroso quedará (yo lo cocino durante al menos 30 minutos).

Unos 5 minutos antes de comer, prueba el curri y añade el zumo de limón para realzar el sabor. Incorpora entonces las espinacas y los guisantes (serán necesarios unos 2 minutos para que se descongelen y se hagan un

poco). Por último, agrega las verduras asadas; procura que los cogollos de coliflor no se deshagan demasiado.

Sírvelo con arroz integral o quinua y abundante cilantro fresco.

CONSEJO

Haz como yo: en vez de pelar el jengibre, rállalo directamente en la olla.

ENCURTIDO DE LIMA Y CHILE

Esta receta es un acompañamiento muy bueno para mis verduritas favoritas con curri
(véase la receta en la pág. 150), ya que realza sus increíbles aromas y esencias.
La mezcla de semillas de mostaza y fenogreco con el resto de las especias es formidable,
y es aún mejor cuando lo combinas con la lima y el vinagre de sidra. Estoy segura
de que te encantará su sabor. Puedes añadirlo a cualquier comida, no sólo a un curri,
para darle un toque especial incluso al plato más sencillo.

Para 3 o 4 personas

SIN FRUTOS SECOS

1 cucharadita de semillas de mostaza

½ cucharadita de semillas de fenogreco

8 dientes de ajo

un trozo de raíz de jengibre

1-2 chiles rojos (dependiendo de lo picante
   que lo quieras)

2 cucharadas de aceite de sésamo tostado

1 cucharadita de cúrcuma molida

1 cucharadita de chile en polvo

1 cucharadita de cilantro molido

el zumo de 3 limas

2 cucharadas de vinagre de sidra

1 calabacín

Calienta una sartén a fuego medio
y tuesta en ella las semillas de mostaza
y de fenogreco durante unos 2 minutos,
o hasta que empiecen a desprender el
aroma. Resérvalas en un cuenco.

Pela los dientes de ajo y córtalos en láminas
finas; pela el jengibre, córtalo también fino
y trocea los chiles. Añádelo todo a la sartén
junto con el aceite de sésamo. Sin dejar de
remover, rehógalo durante unos 5 minutos,
hasta que el ajo y el jengibre empiecen
a dorarse.

Incorpora entonces las semillas de mostaza
y de fenogreco, las especias molidas,
el zumo de lima y el vinagre, y prosigue
la cocción un minuto más.

Corta el calabacín a lo largo, en cuartos,
y a continuación en rodajas finas. Agrégalo
a la sartén (puedes añadir una cucharada
de agua si ves que se pega) y cocínalo entre
6 y 8 minutos más, o hasta que esté cocido.

Retiralo del fuego y deja que se atempere
antes de servirlo.

CONSEJO

Si, por lo que sea, el encurtido te sale
demasiado picante, añádele una refrescante
cucharada de yogur de coco, que está
riquísimo y te ayudará a rebajar el chile;
es mucho más eficaz que el agua.

PASTEL DE TOMATE Y BERENJENA

Ésta es una de mis recetas favoritas del libro. Te recomiendo que la pruebes enseguida, y verás lo especial que es. La capa de «queso», una idea que me dio en la oficina nuestra increíble Serena, es lo mejor del plato. Hace que cada bocado sea de lo más cremoso, rico y reconfortante... ideal para pasar una noche fría entre amigos. Como, en mi opinión, es bastante saciante, sólo acostumbro a acompañar el pastel con unas espinacas con semillas de mostaza (véase la receta en la pág. 156), aunque combina también a la perfección con quinua caliente.

Para 6-8 personas

2 berenjenas grandes

abundante sal y pimienta

2 calabacines

3 cucharadas de aceite de oliva, más un chorrito para untar

1 bulbo de hinojo cortado en trozos pequeños

3 pimientos rojos, sin semillas, troceados

6 dientes de ajo chafados

4 cucharaditas de pimentón ahumado

1.200 g de tomates en conserva troceados

2 cucharadas de concentrado de tomate

280 g (170 g escurridos) de tomates secos en aceite, escurridos y troceados

unas ramitas de tomillo

1 cucharadita de chile en escamas

100 g de avellanas

la ralladura fina de 1 limón sin encerar

25 g de perejil de hoja plana, deshojado y picado fino

PARA LA SALSA DE «QUESO»

200 g de calabaza violín (un tercio de una)

150 g de anacardos dejados en remojo durante al menos 4 horas y escurridos

2 cucharadas de levadura nutricional

3 cucharaditas de tamari

½ cucharadita de pimienta de cayena (opcional)

el zumo de 1 limón

Precalienta el horno a 180 °C (160 °C si es de convección).

Corta las berenjenas en rodajas de 5 mm de grosor, colócalas en una sola capa en dos bandejas refractarias, sazónalas con abundante sal y deja que suden. A continuación, corta los calabacines también en rodajas de 5 mm.

Calienta a fuego fuerte una plancha y luego úntala con un poco de aceite de oliva. Coloca con cuidado las rodajas de calabacín y ásalas hasta que empiecen a marcarse las líneas de la plancha. Cocínalas por tandas y resérvalas a medida que las vas sacando.

Prepara la salsa de tomate. Para ello, calienta unas 3 cucharadas de aceite de oliva en una sartén grande antiadherente, agrega el hinojo y salpimienta. Rehógalo durante unos 3 minutos a fuego medio antes de añadir los pimientos y el ajo. Prosigue la cocción otros 3 minutos e incorpora entonces el pimentón, removiendo para que todo quede bien mezclado. Agrega luego los tomates en conserva, los secos y el concentrado, el tomillo y el chile en escamas. Déjalo cocer a fuego lento durante al menos 20 minutos para que se reduzca.

Mientras, continúa con las berenjenas. Con el papel de cocina, retira la sal y el agua y asa las rodajas en la plancha caliente (pon en marcha la campana, porque saldrá humo, aunque el aroma vale la pena). Cocínalas un minuto por cada lado y resérvalas. Para entonces, la salsa debería haberse reducido un tercio y tener un aspecto satinado. Si es así y si se queda pegada a la parte posterior de la cuchara cuando haces la prueba, es que ya puedes empezar a montar el pastel, no sin antes probar la salsa y rectificar el punto de sal y pimienta, si es necesario.

Ahora pon las avellanas en una bandeja refractaria y tuéstalas entre 7 y 10 minutos. Deja que se enfríen.

En un molde para lasañas, dispón una capa de berenjena en el fondo, continúa con una de salsa de tomate y otra de calabacines. Prosigue de la misma manera hasta que se te acaben los ingredientes. La última capa debe ser de salsa de tomate.

Prepara ahora la salsa de «queso». Pela la calabaza, córtala en trozos grandes y cuécela al vapor durante 15 minutos. A continuación, tritúrala junto con el resto de los ingredientes en una batidora de vaso a velocidad máxima, hasta que obtengas una mezcla sin grumos, y sazónala bien.

Retira el papel de aluminio del pastel, vierte encima la salsa y déjalo en el horno durante 10 minutos más.

Mientras tanto, trocea las avellanas y mézclalas en un cuenco con la ralladura de limón y el perejil.

Saca el pastel del horno, esparce por encima la mitad de la preparación anterior y llévalo a la mesa. Pon el resto de la mezcla de avellanas en un cuenco para que quien quiera se añada algunas más al plato.

ESPINACAS CON SEMILLAS DE MOSTAZA

En invierno, me encanta servir un gran bol con estas espinacas rehogadas como guarnición. Al saltearlas con las semillas de mostaza, el ajo, el limón y el jengibre, adquieren todo su aroma, pero como no utilizo grandes cantidades de estas especias en la receta, el sabor no es muy intenso y eso la convierte en un buen complemento para un plato principal. Me parece el acompañamiento perfecto para el pastel de tomate y berenjena (véase la receta en la pág. 155), además de que añade una ración vegetariana extra a la comida, lo que significa que disfrutarás del valor nutritivo de seis tipos distintos de verduras.

Para 6 personas
SIN FRUTOS SECOS
600 g de espinacas (que no sean baby)
3 cucharadas de aceite de oliva

3 cucharaditas de semillas de mostaza
3 dientes de ajo chafados
6 cm de raíz de jengibre rallada fina
el zumo de 1 ½ limones

Enjuaga las espinacas y trocéalas.

Calienta el aceite en una sartén grande. Cuando alcance la temperatura adecuada, añade las semillas de mostaza. Cuando empiecen a saltar, agrega el ajo y el jengibre y remueve durante un minuto. Asegúrate de que el ajo no se dore.

Incorpora entonces las espinacas y exprime encima el zumo de limón. Rehógalas hasta que estén bien cocinadas y sírvelas recién hechas.

DE LA SARTÉN AL PLATO
10 minutos.

GUARNICIONES

RECETAS VIBRANTES Y NUTRITIVAS PARA ACOMPAÑAR
CUALQUIER COMIDA

ZANAHORIAS ENTERAS ASADAS CON DÁTILES Y COMINO

Hace unos años, en un restaurante de Los Ángeles, probé el plato de zanahorias enteras asadas con dátiles más deliciosas que he comido en mi vida. Me gustaron tanto que no pude evitar tratar de recrear la receta al día siguiente, y desde entonces las cocino muy a menudo. Mientras se asan les añado un poco de sirope de arce para realzar su dulzor, y también pimentón y comino para intensificar los sabores. Saben muy bien con todo, pero combinan especialmente con las berenjenas glaseadas con miso y sésamo (véase la receta en la pág. 173). Con zanahorias de distintos colores, el aspecto gana muchísimo.

Para 4 personas como guarnición

SIN FRUTOS SECOS

16 zanahorias pequeñas (unos 650 g), peladas o bien lavadas (recomiendo ponerlas enteras, sin cortar los extremos, ya que ofrecen un aspecto delicioso)

aceite de oliva

1 cucharada de sirope de arce

1 cucharadita de comino molido

1 cucharadita de semillas de comino

1 cucharadita de pimentón

sal

4 dátiles Medjool deshuesados y troceados

Precalienta el horno a 220 °C (200 °C si es de convección).

Pon las zanahorias en una bandeja refractaria, rocíalas con un chorro generoso de aceite de oliva, añade el sirope de arce, los dos tipos de comino, el pimentón y la sal. Remuévelas bien para que queden cubiertas de manera uniforme.

Hornéalas durante unos 30 minutos. Agita un poco la bandeja a media cocción.

Sácalas del horno, incorpora los dátiles, mezcla con suavidad y luego ásalas 10 minutos más. Al final de la cocción deberían quedar doradas, dulces y deliciosas... y también algo arrugadas.

VERDURITAS CON HARISSA Y SÉSAMO

Para mí, ésta es la mejor manera de comer verduras, y es que la mezcla de sésamo y harissa
las hace irresistibles. Cada bocado tiene un sabor extraordinario y un sutil y maravilloso
toque picante; parece imposible que algo tan sencillo tenga un gusto tan especial. Utilizo
estas verduritas para acompañar un sinfín de platos, desde un simple bol de quinua hasta
los pastelitos de patata con especias y salsa de tomate con ajo o el pastel de frutos secos
y hierbas aromáticas (véanse las recetas en las págs. 60 y 123, respectivamente).
También forman un dúo excepcional de guarniciones con las patatas Hasselback al limón
(véase la receta en la pág. 164).

Para 4 personas como guarnición

SIN FRUTOS SECOS

24 tallos de broccolini, o brócoli baby
　(unos 6 por persona)
2 cucharadas de aceite de oliva,
　más un chorrito para asar el brócoli
150 g de col kale troceada, sin las partes
　más duras
3 cucharadas de harissa
2 cucharaditas de semillas de sésamo,
　y un poco más para decorar
el zumo de ½ limón
sal

Precalienta el horno a 200 °C
(180 °C si es de convección).

Pon el brócoli en una bandeja refractaria
y rocíalo con un chorrito de aceite de
oliva. Remueve los tallos para que queden
ligeramente cubiertos de aceite. Ásalos entre
10 y 15 minutos, hasta que estén hechos
y un poco chamuscados.

Mientras tanto, cuece la col kale al vapor.
Serán necesarios unos 5 minutos. Escúrrela
bien al final.

Mezcla la harissa en un cuenco con las
semillas de sésamo, el zumo de limón, las
2 cucharadas de aceite de oliva y la sal.

Cuando las verduras estén listas, coloca la
col en una bandeja, reparte encima el brócoli
y agrega una pizca más de sal. Por último,
vierte un poco de la preparación a base de
harissa y da el toque final con unas semillas
de sésamo antes de servir.

PATATAS HASSELBACK AL LIMÓN

Preparé esta receta las Navidades pasadas y tuvo tanto éxito que quiero compartirla con todos vosotros. Me encanta por dos razones: la primera, porque mientras se cuecen las patatas absorben todos los sabores y aromas del ajo, el limón y el tomillo, y saben muy pero que muy bien; y la segunda, porque con sus cortes perfectos y su piel dorada y crujiente, estas patatas tienen un aspecto sensacional, que impresionará a tus invitados. Además, otra ventaja es que son muy fáciles de preparar, siempre que tengas un cuchillo afilado y mano firme... Puedes doblar (o incluso triplicar) las cantidades sin ningún problema, como hicimos nosotros para tomar la foto.

Para 4-6 personas como guarnición

SIN FRUTOS SECOS

8 patatas medianas para asar, bien lavadas
   y sin pelar
1 limón
8 dientes de ajo sin pelar y chafados
   (¡prueba con un rodillo!)
las hojas de 4 ramitas de tomillo fresco,
   y algunas más para servir
abundante aceite de oliva
sal marina en escamas y pimienta

Precalienta el horno a 220 °C
(200 °C si es de convección).

Sobre una tabla, sostén una patata con firmeza y, con un cuchillo afilado, practica unos cortes sin llegar a la base (de unos dos tercios de la patata) y dejando 1 o 2 mm de separación. ¡Eso dependerá de la paciencia que tengas! Concéntrate bien, debes intentar no cortarla del todo, si no, no aguantará. Así que aprovecha este tiempo para meditar un poco... Repite la operación con el resto de las patatas y colócalas en una bandeja refractaria con los cortes hacia arriba.

Divide el limón por la mitad y exprímelo sobre las patatas. Luego, en la medida de lo posible, intenta darle su forma original, córtalo en rodajas y añádelo a la bandeja. Agrega el ajo y el tomillo y rocíalo todo con una cantidad abundante de aceite de oliva, especialmente sobre los cortes de los tubérculos. Sazónalo de manera generosa con la sal en escamas y la pimienta y remueve las patatas para que queden bien recubiertas. Después, vuelve a colocarlas con los cortes hacia arriba y hornéalas.

Al cabo de unos 25 minutos, retira las rodajas de limón y los ajos y resérvalos. Más tarde, podrás comerte los ajos con las patatas y decorar el plato con el limón a la hora de servirlo; sin embargo, si los dejas en el horno durante toda la cocción, quedarán carbonizados.

Con la ayuda de una cuchara, rocía las patatas con el jugo del fondo de la bandeja y hornéalas entre 60 y 65 minutos más, hasta que estén crujientes por la parte de arriba y bien cocidas.

Antes de servir, esparce por encima un poco de tomillo fresco y, si lo deseas, añade también las rodajas de limón y el ajo que has reservado.

ENSALADA DE ZANAHORIA E HINOJO

Ésta es probablemente la receta más sencilla y ligera de todo el capítulo. Está deliciosa, es delicada, y como sólo juega con un par de sabores te permite combinarla con platos más complejos. Me encanta disponer de una guarnición como ésta, ya que puede prepararse en pocos minutos y añade color y textura a la mesa, sin eclipsar los platos principales.

Para 4 personas como guarnición

SIN FRUTOS SECOS

2 cucharadas de aceite de oliva

1 cucharada de aceite de sésamo tostado

4 cucharadas de yogur de coco

2 cucharadas de vinagre de sidra

el zumo de ½ limón

sal y pimienta

1 bulbo de hinojo pequeño

2 zanahorias medianas peladas

4 cebolletas

2 cucharadas de semillas de sésamo negro

un puñado de cilantro fresco picado

Pon el aceite de oliva y el de sésamo, el yogur, el vinagre y el zumo de limón en una ensaladera y remuévelo con energía para obtener una emulsión. Salpimienta.

Desecha la base del bulbo de hinojo y, con la ayuda de una mandolina (si no dispones de una, también puedes hacerlo con un cuchillo), córtalo lo más fino que puedas. Luego añádelo al cuenco con el aliño.

A continuación, corta las zanahorias en tiras con la mandolina, un rallador o un pelador de cocina. Sé cuidadoso al hacerlo, ya que es importante que se mantengan algo crujientes; es decir, que no nos sirven si las ponemos ralladas o en trocitos muy pequeños. Cuando las tengas, colócalas en el cuenco con el hinojo y el aliño y mezcla bien con las manos.

Por último, pica las cebolletas bien finas e incorpóralas a la ensalada.

Reparte por encima las semillas de sésamo y el cilantro picado y sirve.

SUPERRÁPIDO

10 minutos.

ALUBIAS AL LIMÓN

Ésta es una guarnición de lo más sencilla y sutil, ya que las alubias se impregnan de un sabor delicioso y delicado con ligeros toques de romero, limón y cayena. Como los aromas no son demasiado intensos, complementan cualquier plato principal a la perfección y combinan especialmente bien con los pastelitos de patata con especias y salsa de tomate con ajo, el bol de arroz con hinojo asado, sésamo y cilantro, las verduritas con harissa y sésamo o el baba ganoush ahumado para acompañar (véanse las recetas en las págs. 60, 104, 163 y 203).

Para 4 personas

SIN FRUTOS SECOS

aceite de oliva

6 dientes de ajo chafados

las hojas troceadas de 6 ramitas
    de romero

800 g de alubias, escurridas
    y enjuagadas

la ralladura de 1 limón sin encerar,
    más el zumo de 1 ½ limones

½ cucharadita de pimienta de cayena

sal y pimienta

Calienta una cacerola con un buen chorro de aceite de oliva a fuego medio. Añade el ajo y el romero y sofríe entre 3 y 5 minutos, hasta que empiecen a crepitar.

Añade las alubias, la ralladura y el zumo de limón, y la pimienta de cayena, y prosigue la cocción entre 5 y 10 minutos, hasta que las legumbres se reblandezcan. Mientras las remueves, ve chafándolas un poco, hasta que termines obteniendo una mezcla de alubias enteras y deshechas. Condimenta al gusto.

Rocíalas con un chorrito de aceite de oliva para evitar que queden secas y sírvelas.

SUPERRÁPIDO

10 minutos.

COLIFLOR ASADA CON PESTO DE CEBOLLETA

Un pesto añade color y sabor al instante a cualquier plato. Además, siempre es fácil y rápido de preparar. Para variar un poco, me gusta probar distintas versiones, como ésta con cebolleta, que es todo un éxito. No tengo palabras para describir lo riquísimo que está con la coliflor asada. Me gusta hacer de más para tenerlo en el frigorífico durante varios días, listo para acompañar un plato de pasta o unas alubias salteadas.

Para 4 personas como guarnición

SIN FRUTOS SECOS

PARA LA COLIFLOR

1 coliflor cortada en cogollitos

aceite de oliva

sal y pimienta

PARA EL PESTO

un manojo de cebolletas
   (sólo las partes verdes)

50 g de piñones

10 g de hojas de albahaca fresca

3 cucharadas de levadura nutricional

1 diente de ajo chafado

el zumo de ½ limón

100 ml de aceite de oliva

Precalienta el horno a 180 °C (160 °C si es de convección).

Coloca los cogollos de coliflor en una bandeja refractaria, rocíalos con un chorrito de aceite de oliva, salpimiéntalos y hornéalos. Pon el temporizador para que suene al cabo de 40 minutos, pero échales un vistazo más o menos cada 10 y remuévelos un poco. Los cogollos deben asarse bien, hasta que queden ligeramente chamuscados.

Entretanto, prepara el pesto. Pon agua a hervir mientras picas los extremos verdes de las cebolletas y los colocas en un colador. Vierte encima el agua hirviendo.

Tritura los piñones, la albahaca, la levadura nutricional, el ajo, el zumo de limón y las cebolletas en un robot de cocina. Cuando se convierta en una pasta, añade poco a poco el aceite mientras sigues triturando. Salpimienta, si lo deseas.

Una vez asada la coliflor, sírvela en una bandeja o un plato hondo y añádele el pesto de cebolleta por encima (o preséntalo en un bol para acompañar, si lo prefieres). ¡Buen provecho!

BERENJENAS GLASEADAS CON MISO Y SÉSAMO

Estas berenjenas son una de las recetas más populares del libro. Las he preparado para muchos amigos y a todos los vuelven locos. Están realmente deliciosas. La mezcla de sésamo, tamari, miso, sirope de arce y zumo de limón les da un sabor tan rico que alegra cada bocado. Siempre preparo de sobra, porque, aparte de que muchos suelen repetir, también están muy buenas frías. O sea, que las guardo en el táper para el día siguiente.

Para 4 personas como guarnición

SIN FRUTOS SECOS

PARA LAS BERENJENAS

3 berenjenas medianas, sin los tallos, cortadas a lo largo en cuñas pequeñas
1 cucharada de aceite de oliva
sal
semillas de sésamo, para servir
chile en escamas, para servir

PARA EL GLASEADO

3 cucharadas de aceite de sésamo tostado
1 ½ cucharadas de tamari
2 cucharaditas de miso de arroz integral
1 cucharada de sirope de arce
el zumo de 1 limón
1 cucharadita de vinagre de sidra

Precalienta el horno a 200 °C (180 °C si es de convección).

Pon las cuñas de berenjena en una bandeja refractaria, rocíalas con el aceite de oliva y sazónalas con sal. Hornéalas entre 15 y 20 minutos, hasta que estén blandas pero no del todo cocidas.

Mientras tanto, bate los ingredientes para el glaseado en un cuenco.

Cuando las cuñas estén listas, vierte el glaseado encima (sin sacarlas de la bandeja) y mezcla bien. Introdúcelas de nuevo en el horno y ásalas durante 10 minutos más. Dales la vuelta y prosigue la cocción otros 5 minutos, hasta que queden tiernas y deliciosas, bien recubiertas con el glaseado.

Retíralas del horno y, para servir, esparce por encima las semillas de sésamo y el chile en escamas.

ENSALADA CALIENTE DE «ARROZ» DE COLIFLOR AL ESTILO MARROQUÍ

Esta guarnición es una de las favoritas en la oficina de Deliciously Ella. Se inspira en una idea de mi encantadora compañera Jess y espero que os guste tanto como a nosotras. Hasta ahora había sido un tanto escéptica respecto al «arroz» de coliflor, pero cada vez me convence más, y cocinado de este modo sabe genial. En esta receta se saltea con especias variadas y se le añaden anacardos tostados, orejones de albaricoque, pasas y garbanzos. Todo junto crea un plato excepcional. Me encanta con las zanahorias enteras asadas con dátiles y comino (véase la receta en la pág. 160).

Para 4-6 personas como guarnición

PARA LA ENSALADA

100 g de anacardos

1 coliflor grande (1 kg aprox.)

2 cucharadas de aceite de oliva

400 g de garbanzos en conserva

2 cucharaditas de cúrcuma molida

2 cucharaditas de comino molido

2 cucharaditas de semillas de comino

2 cucharaditas de cilantro molido

½ cucharadita de canela molida

½ cucharadita de chile en polvo

1 cucharadita de pimentón

sal y pimienta

75 g de pasas

200 g de orejones de albaricoque a trozos

4 cebolletas bien picadas

50 g de menta fresca deshojada y troceada

50 g de perejil fresco de hoja plana deshojado y troceado

PARA EL ALIÑO

2 cucharadas de tahina

1 ½ cucharadas de aceite de oliva

el zumo de ½ limón

el zumo de ½ naranja

Precalienta el horno a 200 °C (180 °C si es de convección).

Pon los anacardos en una bandeja refractaria y hornéalos entre 5 y 10 minutos, hasta que estén bien tostados. Retíralos del horno y deja que se enfríen.

Corta los cogollos de coliflor por el tallo y trocéalos en porciones de 2,5 a 5 cm. Tritúralos en un robot de cocina hasta que tengan el aspecto de unos granos de arroz (tardan unos 30 segundos).

Calienta el aceite de oliva en una sartén grande. Añade la coliflor, los garbanzos, las especias, la sal y la pimienta. Mézclalo todo y agrega las pasas, los orejones de albaricoque y los anacardos. Rehógalo durante unos 5 minutos, pero sin dejar de remover, hasta que todo esté caliente. Retira del fuego.

Luego, bate los ingredientes del aliño en un cuenco. Rectifica la condimentación e incorpora las cebolletas y las hierbas aromáticas. Añade el aliño a la ensalada.

COMBÍNALO

A veces, corono el plato con una cucharada de yogur de coco y un pellizco de *ras el hanout*, una mezcla de especias marroquí.

PURÉ DE GUISANTES CON MENTA

*Esta receta es una de las favoritas de mi familia y la preparo siempre que estoy
en casa de mi madre. Es otro plato modesto que no requiere mucho tiempo ni esfuerzo,
pero que tiene un sabor increíble. Además, es uno de los platos que elaboro cuando
se me hace tarde y quiero cocinar algo rápido y delicioso. En esos casos, suelo servirlo
con quinua, brócoli asado y alubias salteadas, como por ejemplo, con las alubias
al limón (véase la receta en la pág. 169).*

Para 4-6 personas como guarnición

SIN FRUTOS SECOS
500 g de guisantes congelados
6 cucharadas de aceite de oliva
el zumo de 1 ½ limas, o al gusto
   (yo suelo usar un poco más)
un puñadito de hojas de menta fresca
   (unos 10 g) troceadas
sal y pimienta

Pon los guisantes en una cacerola con agua
fría. Tapa y llévalo a ebullición. Cuando
arranque el hervor déjalos cocer durante
2 minutos, y luego escúrrelos e introdúcelos
en un robot de cocina junto con el resto
de los ingredientes.

Tritura hasta que obtengas un puré. Sírvelo
caliente o frío; de cualquiera de las dos
maneras sabe genial.

PURÉ DE PATATAS CON CÚRCUMA Y SEMILLAS DE MOSTAZA

Esta receta de patatas es una de mis favoritas de este capítulo, porque sacia y es de lo más reconfortante. Una vez cocidas las patatas, se chafan para obtener un puré con especias, zumo de limón, aceite de oliva y un pellizco generoso de sal y pimienta. Conozco a mucha gente que no soporta las patatas, pero pruébalas cocinadas de esta manera y te convertirás en un verdadero amante de estos humildes tubérculos.

Para 4 personas como guarnición

SIN FRUTOS SECOS

1 kg de patatas peladas y cortadas
  en cuartos
abundante sal y pimienta
5 cucharadas de aceite de oliva
1 cucharada de semillas de mostaza
1 cucharadita de cúrcuma molida
2 cucharaditas de comino molido
¼ de cucharadita de pimienta de cayena
el zumo de 1 limón

Pon las patatas en una cacerola con agua fría. Tápalas y llévalas a ebullición. Cuando rompa a hervir, añade sal, baja el fuego y cuécelas durante 25 minutos, o hasta que las patatas estén lo bastante blandas para chafarlas.

Mientras tanto, calienta el aceite en un cazo a fuego entre medio y vivo y añade las semillas de mostaza. Cuando empiecen a saltar, incorpora el resto de las especias, salpimienta y exprime encima el zumo de limón. Tuéstalas durante más o menos un minuto y retiralas del fuego.

Una vez hervidas las patatas, escúrrelas, ponlas de nuevo en la cacerola y cháfalas ligeramente con la ayuda de un tenedor o una espátula de madera, hasta que obtengas un puré no demasiado fino; es interesante que conserve una textura gruesa.

Condiméntalas con las especias y ¡a comer!

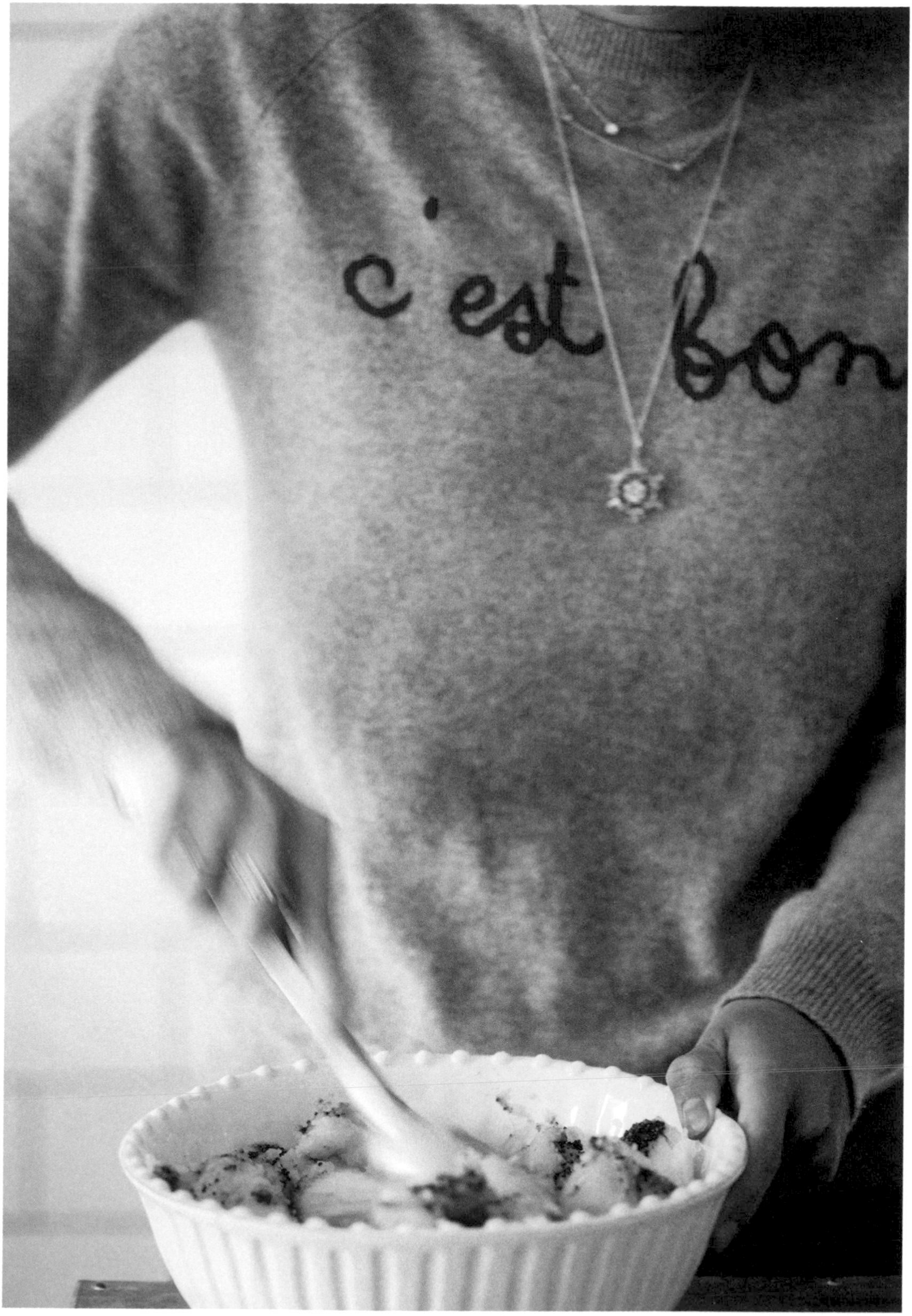
c'est bon

BONIATOS CON PACANAS Y SIROPE DE ARCE

*Estos boniatos son una auténtica delicia. Y es que el dulzor y la textura pegajosa
que les da el sirope de arce entusiasma a quien los prueba. Si deseas convencer a tus amigos
más escépticos de que las verduras son fabulosas, éste es el plato ideal para intentarlo.
Es sencillo y accesible para todos.*

Para 4 personas como guarnición

3 boniatos medianos bien lavados,
   cortados en cuñas
2 cucharaditas de canela molida
2 cucharadas de sirope de arce
un chorro generoso de aceite de oliva
sal y pimienta
75 g de pacanas cortadas por la mitad
   o en cuartos, según el tamaño

Precalienta el horno a 200 °C
(180 °C si es de convección).

Coloca las cuñas de boniato en una bandeja
refractaria, añade la canela, una cucharada
de sirope de arce, el aceite de oliva, la sal
y la pimienta, y mezcla bien con las manos
para asegurarte de que los tubérculos
quedan bien impregnados.

Hornea las cuñas entre 40 y 45 minutos,
hasta que queden muy tiernas. Mientras
se asan, ve echándoles un vistazo y dales
la vuelta a mitad de la cocción.

Entretanto, en un cuenco pequeño, mezcla
las pacanas con la cucharada restante de
sirope de arce y añádelas al boniato.

Hornéalo todo entre 10 y 15 minutos, hasta
que los frutos secos queden tostados
y crujientes, y los boniatos, blandos y
pegajosos.

PLÁTANOS AL HORNO CON SALSA DULCE DE CHILE

Hace relativamente poco que me aficioné a los plátanos macho, aunque ya se han convertido en uno de mis alimentos favoritos. Me encantan al horno, bien dorados y tiernos con un pellizco de sal, pero son incluso mejores si los acompañas con mi salsa dulce de chile. Ambos combinan a la perfección y realzan mutuamente su dulzor natural. Los sirvo con toda clase de platos, como la ensalada de col con sésamo, la quinua con pistachos y orejones de albaricoque o mis verduritas favoritas con curri (véanse las recetas en las págs. 99, 96 y 150, respectivamente).

Precalienta el horno a 200 °C (180 °C si es de convección).

Pela los plátanos y córtalos en rodajas de 1 cm de grosor, más o menos. A continuación, colócalos en una sola capa sobre una bandeja refractaria. Sazónalos con aceite y sal, remuévelos con las manos y hornéalos entre 50 minutos y una hora, hasta que queden dorados, blandos y tiernos. Cuanto más tiempo los tengas en el horno, más dulces estarán.

Mientras, prepara la salsa dulce de chile. Para ello, tritura el chile, el jengibre y el ajo en un robot de cocina hasta que queden bien finos.

Exprime el zumo de lima en un cazo y añade la miel, el vinagre, la sal y la pimienta. Calienta a fuego medio e incorpora la preparación a base de chile. Lleva a ebullición y agrega las semillas de chía. Deja que hierva a fuego lento unos 15 minutos, hasta que espese. Añade entonces 2 cucharadas de agua, retira del fuego, traspásalo todo a un cuenco pequeño y deja que se atempere.

Sirve los plátanos calientes, recién sacados del horno, o espera a que estén a temperatura ambiente. En ambos casos, acompáñalos con la salsa dulce de chile.

Para 4 personas

SIN FRUTOS SECOS

PARA LOS PLÁTANOS

4 plátanos macho
aceite de oliva
sal

PARA LA SALSA DULCE DE CHILE

1 chile rojo sin semillas
2,5 cm de raíz de jengibre pelada
   y cortada fina
2 dientes de ajo cortados por la mitad
el zumo de ½ lima
120 ml de miel
1 cucharada de vinagre de sidra
sal y pimienta
1 cucharadita de semillas de chía

AGUACATES PICANTES AL HORNO CON SALSA DE LIMA, ANACARDOS Y CILANTRO

Estos aguacates son una auténtica revelación y mi nueva manera favorita de comerlos, además de que resultan una gran alternativa a los boniatos fritos. Me encanta el contraste de su carne suave y cremosa con la capa crujiente del chile. Están deliciosos si los acompañas con la salsa de lima, anacardos y cilantro, aunque si deseas darles un toque picante, pruébalos con la salsa dulce de chile para los plátanos (véase la receta en la pág. 187), que también es estupenda.

Para 4 personas como guarnición

PARA LOS AGUACATES FRITOS

35 g de harina de garbanzos

50 ml de leche de almendra, u otra bebida vegetal

1 cucharada de aceite de sésamo tostado

110 g de almendras molidas

35 g de semillas de sésamo

¼ de cucharadita de pimienta de cayena

½ cucharadita de sal

¼ de cucharadita de pimienta negra molida

½ cucharadita de pimentón

2 cucharadas de levadura nutricional

¼ de cucharadita de chile en polvo

1 cucharadita de chile en escamas

2 aguacates maduros pero aún firmes

PARA LA SALSA

80 g de anacardos (dejados en remojo durante 3 horas)

el zumo de 2 ½ limas

un puñadito de cilantro fresco (unos 8 g)

2 cucharadas de aceite de oliva

1 cucharada de vinagre de sidra

2 ramitas de menta fresca deshojadas

una pizca de sal

Precalienta el horno a 220 °C (200 °C si es de convección).

Forra una bandeja refractaria con papel vegetal.

Pon la harina de garbanzos en un cuenco. Mezcla la leche de almendra y el aceite de sésamo en otro y, en un tercero, haz lo mismo con las almendras, las semillas de sésamo, la pimienta de cayena, el pimentón, la levadura, la sal, la pimienta y los dos tipos de chile.

Corta los aguacates a lo largo, por la mitad, pélalos y deshuésalos. A continuación, trocéalos en rodajas, también a lo largo (obtendrás unas 5 por cada mitad de aguacate).

Pasa una rodaja por la harina de garbanzos. Mójala en el cuenco de la leche y después, en el de las almendras molidas. Por último, colócala en la bandeja que has preparado y repite la operación con las otras rodajas.

Hornéalas durante 20 minutos, sin olvidarte de darles la vuelta a media cocción.

Cuando estén hechas, retíralas del horno y deja que se atemperen unos 20 minutos.

Mientras, prepara la salsa. Escurre los anacardos e introdúcelos en una batidora de vaso. Añade 4 cucharadas de agua junto con el resto de los ingredientes y tritúralos hasta que quede una mezcla muy fina. Moja los aguacates en la salsa.

ALUBIAS NEGRAS CON AJO

Éste es uno de los platos básicos de mi dieta. Lo cocino muy a menudo porque las alubias
negras no son difíciles de conseguir y además es una opción rápida y barata. También es
una manera fácil de añadir un sabor de lo más rico a cualquier comida, al tiempo que la
vuelve más suculenta y saciante. Me encanta servir estas alubias en cenas sencillas a base
de arroz integral o puré de aguacate, cuando no tengo ganas de cocinar, o para acompañar
algo más elaborado, si lo que deseo es impresionar a alguien.

Para 4 personas como guarnición

SIN FRUTOS SECOS

5 dientes de ajo chafados

2 cucharadas de aceite de oliva

¼ de cucharadita de pimienta de
  cayena

el zumo de 1 limón

sal y pimienta

800 g de alubias negras en conserva,
  escurridas y enjuagadas

3 cucharaditas de pasta de miso de arroz
  integral

3 cucharaditas de concentrado de tomate

Pon el ajo en una cacerola con el aceite
de oliva, la pimienta de cayena, el zumo de
limón, la sal y la pimienta. Calienta a fuego
lento durante un minuto más o menos, o
hasta que el aceite empiece a borbotear.

Añade el resto de los ingredientes y cuece
a fuego medio durante unos 10 minutos,
removiendo cada dos. Las alubias deben
quedar ligeramente blandas y deshechas,
bien recubiertas con el miso y el concentrado
de tomate.

DE LA SARTÉN AL PLATO
15 minutos.

FIESTAS

MANERAS DIVERTIDAS DE COMPARTIR TU COMIDA FAVORITA CON LOS QUE MÁS QUIERES

FIESTAS

Que hayas decidido cuidar lo que comes no significa que debas renunciar
a la parte lúdica de la cocina. Por eso, no debes excluir las fiestas, sino
al contrario: te animo a que las organices, ya que puedes mimarte y disfrutar
de la comida que te gusta al tiempo que te lo pasas bien con tus amigos
y familiares. Aunque en las páginas siguientes hay muchas recetas que
figuran entre mis favoritas y me cuesta elegir, debo reconocer que, de entre
todas ellas, me encanta preparar las chips de remolacha y boniato o las chips
de tortilla ahumadas al horno con grandes boles de baba ganoush ahumado
y hummus de zanahoria asada. También guardo un recuerdo maravilloso
del refresco de sandía y pepino, que servimos en nuestra boda, y, por supuesto,
no hay nada como el pastel de celebración acompañado de unos
scones de arándanos con crema de vainilla y coco, ¡o el pastel
de plátano y pasas!

MENÚS

PARA PICAR

Chips de remolacha y boniato

Chips de tortilla ahumadas al horno

Hummus de zanahoria asada

Baba ganoush ahumado

Bocaditos de pizza socca

Rollitos de berenjena y pesto de tomate con tzatziki de coco

Minipatatas al horno con crema agria de anacardos y cebollino

Pimientos de Padrón asados con salsa de anacardos y chipotle

CÓCTELES CON Y SIN ALCOHOL

Piña con soda y cayena

Refresco de coco, frambuesa y menta

Spritz de maracuyá

Refresco de sandía y pepino

UN TÉ DE LA TARDE FÁCIL

Rebanadas de centeno con pepino y hummus de alubias al limón

Pastel de plátano y pasas

Muffins de jengibre

TÉ DE CUMPLEAÑOS

Pastelitos de avena con manteca de cacahuete y miel

Pastel de celebración

Scones de arándanos con crema de vainilla y coco

CHIPS DE REMOLACHA Y BONIATO

¡Me encantan estas chips! Además de ser un tentempié delicioso, sus vivos colores rosados
y anaranjados tienen un aspecto irresistible. Están deliciosas sólo con una pizca de sal
marina, pero también con un poco de hummus de zanahoria asada o con el guacamole
de hierbas aromáticas (véanse las recetas en las págs. 200 y 52).

Para 2 personas

SIN FRUTOS SECOS

1 boniato mediano bien lavado
2 remolachas pequeñas bien lavadas
aceite de oliva
sal

Precalienta el horno a 145 °C
(125 °C si es de convección).

Con la ayuda de una mandolina o un cuchillo
muy afilado, corta las verduras en rodajas
finas. Colócalas sobre papel de cocina
absorbente y, con otra hoja, presiónalas por
encima para quitarles la humedad.

Pincela ligeramente dos bandejas refractarias
con aceite de oliva y reparte en ellas las
verduras (intenta que no se superpongan
ni se toquen). A continuación, vierte un
chorrito de aceite en un cuenco pequeño y,
con una brocha de pastelería, pincela cada
rodaja (aunque es una tarea laboriosa, vale
la pena dedicar tiempo y hacerlo bien, pues
quedarán mucho más crujientes y deliciosas.
¡Disfruta del momento!).

Introduce las bandejas en el horno y pon el
temporizador para que suene al cabo de
15 minutos. Una vez transcurrido este tiempo,
retira las chips que estén crujientes y ponlas
en una rejilla para que se enfríen. Da la vuelta
a las demás y hornéalas durante 10 minutos.

Pasado este tiempo, vuelve a mirarlas
y coloca las que ya estén hechas en la rejilla.
Prosigue la cocción de las demás otros
5 minutos; para entonces ya deberían
estar todas listas, pero si no es así, repite
la operación cada 5 minutos, dándoles la
vuelta, hasta que estén en su punto justo.

Cuando todas se hayan atemperado, sírvelas
en un bol con un pellizco de sal.

CHIPS DE TORTILLA AHUMADAS AL HORNO

Estas chips son fantásticas para cualquier fiesta. Además de ser relativamente fáciles de preparar, resultan de lo más divertidas. Estoy segura de que tus amigos quedarán muy impresionados. Son ideales con el hummus de zanahoria asada (véase la receta en la pág. 200) o cualquier otra salsa del estilo. Te aviso de que crean adicción, o sea que ten cuidado, no vayas a quedarte sin chips antes de que lleguen tus invitados...

Para 6-8 personas

SIN FRUTOS SECOS

100 g de harina de trigo sarraceno

100 g de polenta

20 g de semillas de chía molidas
   (si no las encuentras, muélelas en casa)

1 cucharadita de sal

2 cucharaditas colmadas de pimentón
   ahumado

2 cucharaditas de chile en escamas

1 cucharadita de miel

Precalienta el horno a 200 °C
(180 °C si es de convección).

Mezcla todos los ingredientes secos en un cuenco. Añade la miel y 150 ml de agua. Mézclalo con la ayuda de un tenedor hasta que se convierta en una pasta y resérvala.

Extiende una lámina de papel vegetal sobre una superficie de trabajo limpia y seca. Corta otra lámina y resérvala.

Con las manos humedecidas, coge la mitad de la pasta para tortillas. Hazla rodar entre las palmas de las manos hasta que logres formar una bola lisa, que dispondrás en el centro del papel vegetal. Pon la otra lámina encima y presiona ligeramente con las manos para formar un disco. Pasa un rodillo desde el centro hacia fuera para obtener un círculo de unos 20 cm de diámetro, y colócalo en una bandeja refractaria sin retirar el papel vegetal. Repite la operación con el resto de la pasta y ponla en otra bandeja.

Hornea las dos tortillas durante 10 minutos, luego sácalas y quita las láminas superiores de papel vegetal. Corta las tortillas en 8 porciones, como si se tratara de una pizza (puedes usar un cuchillo, pero te recomiendo unas tijeras). Debes tener cuidado de no quemarte los dedos, porque estarán muy calientes, pero no esperes, ya que si no se volverán demasiado quebradizas para partirlas. Haz lo mismo con la segunda tortilla.

Pon los triángulos en las bandejas con el papel vegetal y hornéalos 5 minutos más, hasta que se endurezcan. Deja que se enfríen en una rejilla y sirve las chips lo antes posible.

HUMMUS DE ZANAHORIA ASADA

Como muchos de vosotros sabéis, el hummus es uno de mis platos favoritos. A la mayoría de mis amigos y familiares también les encanta y se muestran realmente entusiasmados cuando comprueban que el casero sabe mucho mejor que el de la tienda. Cuando tengo invitados, suelo ofrecerles varias versiones, pues es un aperitivo perfecto y muy fácil de preparar en poco tiempo. El de esta receta está hecho con zanahoria, y lo que más me gusta de él es su fantástico color. Una vez listo, acostumbro a pasarlo del robot de cocina a un bonito bol y lo acompaño con unas chips de tortilla ahumadas al horno (véase la receta en la pág. 199) para que todos puedan picar algo al llegar. Si quiero darle un aspecto aún más apetitoso, lo rocío con un chorrito de aceite de oliva y esparzo por encima unos piñones tostados y pimentón ahumado.

Para 1 bol

SIN FRUTOS SECOS

4 zanahorias medianas (unos 400 g)
   peladas
1 ½ cucharaditas de pimentón
10 cucharadas de aceite de oliva,
   más un chorrito para las zanahorias
sal
3 dientes de ajo pelados
800 g de garbanzos en conserva,
   escurridos y enjuagados
3 cucharadas de tahina
el zumo de 2 limones jugosos,
   o 3 si no lo son
1 cucharadita de comino molido

Precalienta el horno a 220 °C
(200 °C si es de convección).

Corta las zanahorias en cuartos y ponlas en una bandeja refractaria con ½ cucharadita de pimentón, un chorrito de aceite de oliva y una pizca de sal. Hornéalas durante unos 40 minutos, hasta que se reblandezcan, y añade los dientes de ajo 10 minutos antes de finalizar la cocción. Deja que se enfrien.

Mientras, tritura los garbanzos en un robot de cocina con las 10 cucharadas de aceite de oliva, la tahina, el zumo de limón, la cucharadita restante de pimentón, el comino molido, la sal y 4 cucharadas de agua, hasta que obtengas una preparación homogénea.

Cuando las zanahorias y el ajo se hayan atemperado, añádelos al robot de cocina y acaba de triturar para lograr un hummus cremoso y sin grumos que podrás servir en un bol.

Se conserva en un recipiente hermético en el frigorífico hasta 7 días.

BABA GANOUSH AHUMADO

Ésta es una de mis salsas preferidas. Me encanta lo rica y cremosa que resulta.
La berenjena al horno le proporciona una gran textura, mientras que el pimentón
y la pimienta de cayena realzan su sabor y añaden un toque especiado y ahumado a cada
bocado. Cuando vienen a casa mis amigos, suelo servir este baba ganoush como aperitivo
con las chips de tortilla ahumadas al horno (véase la receta en la pág. 199) o con unos
crackers, o incluso junto con un bol de cereales y verduras.

Para 1 bol grande

SIN FRUTOS SECOS

3 berenjenas

1 cabeza de ajo

3 cucharadas de aceite de oliva, más un
    chorrito para asar la berenjena y el ajo

el zumo de 1 limón

1 cucharada de tahina

2 cucharaditas de pimentón ahumado

½ cucharadita de comino molido

¼ de cucharadita de pimienta de cayena

sal y pimienta

un puñado de hojas de perejil fresco
    troceadas

Precalienta el horno a 220 °C
(200 °C si es de convección).

Pincha cada berenjena un par de veces
con un cuchillo; es imprescindible para evitar
que exploten mientras se asan. Disponlas
en una bandeja refractaria y hornéalas
durante 40 minutos (recuerda que debes
darles la vuelta a media cocción). Pasados
los primeros 10 minutos, coloca la cabeza
de ajo entera sobre un trozo cuadrado de
papel de aluminio, rocíala con aceite y
envuélvela con el papel como si se tratara
de un paquete (esto impedirá que se queme),
y ponla en el horno con las berenjenas
durante 30 minutos.

Tras 40 minutos en el horno, las berenjenas
deberían estar chamuscadas por fuera y
blandas por dentro. Presiónalas un poco para
asegurarte de que es así. Retíralas del horno
junto con el ajo, córtalas por la mitad a lo
largo y deja que se enfríen.

Cuando estén templadas y puedas
manipularlas, saca la pulpa de las berenjenas
y pela la cabeza de ajo asada, que estará
pegajosa y dulce, hasta que tengas todos
los dientes bien limpios. Introdúcelo todo en
una batidora de vaso, añade los otros
ingredientes, salvo el perejil (sin olvidar las
3 cucharadas de aceite), y tritúralo varias
veces, sin que llegue a mezclarse del todo;
nos interesa que conserve una bonita textura,
es decir, no buscamos un puré sin grumos.
Incorpora el perejil y sírvelo.

BOCADITOS DE PIZZA SOCCA

He aquí los canapés perfectos. Son superfáciles de preparar y sólo requieren un par de ingredientes de lo más comunes. Además, tienen una pinta irresistible. Suelo servirlos con una cucharada de pesto de tomates secos (como verás en esta misma receta), unas aceitunas negras troceadas, unas hojitas de rúcula y un chorrito de aceite de oliva para realzar todos los sabores. «Socca» es un tipo de torta, o pan plano, de origen franco-italiano, que se elabora con harina de garbanzos y que crea auténtica adicción.

Para unas 24 minipizzas socca

SIN FRUTOS SECOS

PARA EL PESTO

60 g de tomates secos en aceite (peso escurrido)

25 g de piñones

15 g de albahaca fresca

2 cucharadas de aceite de oliva

1 diente de ajo picado grueso

sal y pimienta

½ cucharada de vinagre de sidra

PARA LAS MINIPIZZAS

100 g de harina de garbanzos

2 cucharaditas de hierbas aromáticas secas variadas

un chorrito de aceite de oliva

aceitunas negras troceadas para servir

hojas de rúcula para servir

En primer lugar, prepara el pesto. Para ello, tritura todos los ingredientes con 2 cucharadas de agua en un robot de cocina, hasta que se forme una salsa espesa.

En un cuenco grande, bate la harina de garbanzos y las hierbas aromáticas variadas con 150 ml de agua, sal y pimienta, hasta que consigas una pasta sin grumos. Deja que repose durante 30 minutos para que la harina pueda absorber toda el agua.

Para preparar las minipizzas, calienta un chorrito de aceite de oliva en una sartén y, cuando esté a la temperatura adecuada, añade una cucharadita de la pasta.

Fríela a fuego medio 1 o 2 minutos, dale la vuelta y prosigue la cocción 1 o 2 minutos más, hasta que quede bien dorada. Repite la operación hasta que termines toda la pasta.

Reparte el pesto sobre las bases de las minipizzas y corónalas con las aceitunas y unas hojas de rúcula para servir.

CONSEJO

Prueba estos bocaditos calientes: saben aún mejor.

ROLLITOS DE BERENJENA Y PESTO DE TOMATE CON TZATZIKI DE COCO

Si estos rollitos, por sí mismos, ya son una delicia, mojados en la salsa cremosa de yogur, pepino y menta se convierten en una verdadera exquisitez. Cuando están calientes el contraste con la salsa fría y suave es simplemente sensacional. Ésta es una de las recetas que te recomiendo que pruebes primero. El pesto es casi el mismo que el de los bocaditos de pizza socca (véase la receta en la pág. 204), pero he realzado el sabor con un poco de zumo de limón.

Para 15 rollitos del tamaño de un bocado

SIN FRUTOS SECOS

PARA LAS BERENJENAS

2 berenjenas grandes

2 cucharadas de aceite de oliva

sal y pimienta

PARA EL PESTO

40 g de piñones

280 g (170 g escurridos) de tomates secos
en aceite, escurridos y troceados

un puñado pequeño de albahaca fresca

1 diente de ajo pequeño

el zumo de ½ limón

PARA LA SALSA

½ pepino

las hojas de unas cuantas ramitas de menta
fresca

250 g de yogur de coco

el zumo de 1 limón

CONSEJO

Estos rollitos también combinan muy bien con un pesto tradicional. Así pues, si no dispones de tiempo o de un robot de cocina para prepararlo, siempre puedes comprarlo para acompañar los rollitos.

Precalienta el horno a 220 °C
(200 °C si es de convección).

Con un cuchillo afilado, corta las berenjenas en rodajas finas a lo largo. Unta dos bandejas refractarias grandes con aceite de oliva y esparce una pizca de sal. Reparte sobre ellas las rodajas y hornéalas unos 20 minutos, hasta que queden lo bastante blandas para que se puedan enrollar.

Mientras tanto, prepara el pesto. Para ello, sólo debes introducir todos los ingredientes en un robot de cocina y triturarlos hasta que obtengas una salsa espesa.

Deja que las rodajas de berenjena se enfríen unos minutos y córtalas por la mitad a lo ancho. Reparte en cada una de ellas una cucharadita colmada de pesto y enróllalas (usa unos palillos para fijarlas, si lo deseas).

Para preparar la salsa, lo primero que debes hacer es retirar las semillas del pepino. Para ello, córtalo por la mitad a lo largo y pasa una cucharita por el centro. Luego trocéalo en dados pequeños (de unos 5 mm). Pica la menta muy fina y ponla en un cuenco junto con el pepino, el yogur y el zumo de limón. Condimenta la mezcla, remuévela y sirve la salsa con los rollitos de berenjena.

MINIPATATAS AL HORNO CON CREMA AGRIA DE ANACARDOS Y CEBOLLINO

Estas patatas son un delicioso pica-pica, que saciará el apetito de tus amigos más voraces. Se sirven calientes, rellenas con una crema agria de anacardos y sazonadas generosamente con pimienta negra, cebollino y chile fresco. Una verdadera delicia, perfecta para el invierno. Además, son muy reconfortantes y te permitirán tener felizmente ocupados a tus invitados mientras terminas de preparar la cena.

Para 6 personas

PARA LAS PATATAS

500 g de patatas nuevas

1 cucharada de aceite de oliva

sal marina en escamas y abundante
   pimienta negra

1 chile rojo

PARA LA CREMA AGRIA DE ANACARDOS

120 g de anacardos (dejados en remojo
   durante 4 horas)

el zumo de 1 ½ limones

1 cucharada de vinagre de sidra

sal y pimienta

8 g de cebollino cortado fino

3 cebolletas cortadas finas

CONSEJO

Sirve las patatas en una bandeja caliente para evitar que se enfríen demasiado rápido.

Precalienta el horno a 210 °C (190 °C si es de convección).

Forra una bandeja refractaria con papel vegetal.

Pincha las patatas con un tenedor, úntalas con el aceite de oliva y sazónalas con un buen pellizco de sal marina en escamas. Colócalas en la bandeja y hornéalas durante una hora, hasta que estén crujientes por fuera y tiernas por dentro.

Deja que se enfríen entre 10 y 15 minutos o hasta que no quemen aunque sigan calientes. Practica unos cortes en forma de cruz en la parte de arriba de cada una de ellas y presiona por abajo para que se abran un poco (usa un paño para protegerte las manos).

Mientras se enfrían, prepara la crema agria de anacardos (*véanse las instrucciones en la pág. 115*), añadiendo 2 cucharadas de agua, como se indica en la receta, pero con sólo 5 g de cebollino. Pica en trozos pequeños el resto de cebollino y el chile rojo (desecha las semillas).

Añade una cucharadita de la crema agria de anacardos en cada patata, empujándola un poco hacia dentro de la abertura. Condiméntalas con pimienta negra recién molida, sal, cebollino y chile y sírvelas.

PIMIENTOS DE PADRÓN ASADOS CON SALSA DE ANACARDOS Y CHIPOTLE

Los pimientos de Padrón son uno de los primeros platos que suelo buscar en la carta de un restaurante. Me vuelven loca, sobre todo si están bien dorados y bien calientes. Creo que resultan especialmente apetitosos con alguna salsa, como la de chipotle que presento en esta receta, ya que les da un sabor ahumado extraordinario, con el toque ácido del limón y el intenso aroma del aceite de sésamo.

Para 1 bol

PARA LA SALSA DE ANACARDOS

150 g de anacardos (dejados en remojo durante 4 horas)
3 cucharadas de aceite de oliva
2 cucharaditas de chipotle en polvo
½ cucharadita de pimentón ahumado
el zumo de 2 limones
2 cucharadas de vinagre de sidra
1 cucharadita de aceite de sésamo tostado
un pellizco generoso de sal

PARA LOS PIMIENTOS

300 g de pimientos de Padrón
aceite de oliva
sal marina en escamas

Escurre los anacardos que has dejado en remojo e introdúcelos en una batidora de vaso junto con 12 cucharadas de agua. Añade el resto de los ingredientes para la salsa de anacardos y chipotle y tritúralos hasta que obtengas una crema sin grumos, que traspasarás a un cuenco.

Pon un chorrito de aceite de oliva y un pellizco generoso de sal marina en escamas en una sartén grande y frie los pimientos hasta que empiecen a arrugarse (serán necesarios unos 10 minutos).

Sirve los pimientos con la salsa.

DE LA SARTÉN AL PLATO
10 minutos más el tiempo de remojo.

PIÑA CON SODA Y CAYENA

Ésta es una de mis bebidas favoritas de siempre. Las sutiles burbujas de la soda, el toque ligeramente picante del jengibre y la pimienta de cayena y la acidez del zumo de lima convierten esta receta en una bebida de lo más dulce y refrescante. Me gusta servirla en vasos cortos con mucho hielo, una cuña de piña y un pellizco más de cayena. Es el complemento ideal para cualquier fiesta veraniega o cena con los amigos. Si deseas algo divertido de verdad, vacía varias piñas y ¡sírvela en su interior! Puedes preparar esta receta con una licuadora o una batidora de vaso.

Para 3 cócteles

SIN FRUTOS SECOS

1 piña madura
2,5 cm de raíz de jengibre pelada
1 vaso de soda (unos 400 ml)
el zumo de ½ lima
2 cucharaditas de sirope de arce
una pizca generosa de pimienta
    de cayena, al gusto (a mí me gusta
    mucho, así que uso hasta 3 pellizcos),
    y un poco más para servir
un chorrito de tu licor favorito (opcional)
cubitos de hielo

Pela la piña y corta y reserva una rodaja pequeña de la parte superior para decorar. Pon el resto de la piña en una licuadora junto con el jengibre (añade éste al principio para obtener el máximo sabor).

Cuela el zumo resultante directamente en una jarra. Utiliza un buen colador para que quede sin ningún grumo.

Agrega la soda y, a continuación, el zumo de lima, el sirope de arce y la pimienta de cayena, junto con el licor, si lo deseas. Remuévelo bien.

Llena 3 vasos cortos de hielo y sirve la bebida. Añade una pizca más de pimienta de cayena y decora cada uno de los vasos con una cuña de piña de la rodaja que has reservado al principio.

CONSEJO
Si no dispones de licuadora, puedes usar una batidora de vaso y, como propongo en la receta, colar muy bien el zumo para conseguir una textura más suave.

REFRESCO DE COCO, FRAMBUESA Y MENTA

Elaborada con agua de coco, zumo de lima y sirope de arce, y con un toque de menta fresca y frambuesa y unas rodajas de pepino, esta bebida resulta de lo más refrescante. Los verdes y los rosados le dan un aspecto de lo más atractivo, con lo que queda de maravilla en cualquier mesa. Para saber cuánta agua de coco necesitas, mídelo en los propios vasos en los que servirás el refresco.

Para 3 refrescos

SIN FRUTOS SECOS

¼ de pepino

25 g de menta fresca

2 ½ vasos largos de agua de coco, preferiblemente pura y no pasteurizada

el zumo de 2 limas

2 cucharaditas de sirope de arce

50 g de frambuesas

cubitos de hielo

un chorrito de tu licor favorito (opcional)

Corta el pepino en rodajas finas y deshoja la menta. Reserva las hojas y desecha los tallos.

Vierte el agua de coco en una jarra con el zumo de lima y el sirope de arce. Remueve bien y añade las rodajas de pepino, las hojas de menta y las frambuesas.

Deja que la bebida se enfríe en el frigorífico durante al menos 30 minutos para que el agua absorba los sabores.

Justo antes de servir, pon cubitos de hielo en 3 vasos. Si deseas añadir un poco de licor en la jarra, éste es el momento.

Vierte el combinado en los vasos y reparte de manera equitativa la menta, el pepino y las frambuesas.

SPRITZ DE MARACUYÁ

Esta bebida está tan buena que estoy segura de que causará sensación entre todos
tus amigos. Un combinado tropical al que le va muy bien esa pizca de vainilla
en polvo y el agua con gas. Prueba a servirla con el menú para una fiesta mexicana
(véanse las págs. 110–117): el maridaje es perfecto.

Para 2 bebidas

SIN FRUTOS SECOS

½ mango pelado y deshuesado
la pulpa de 3 maracuyás
½ lima
½ cucharadita de vainilla en polvo
200 ml de agua con gas
cubitos de hielo

Licua el mango y los maracuyás.
A continuación, exprime el zumo
de lima y añádelo junto con la vainilla.
Remuévelos bien.

Vierte la mezcla en 2 vasos cortos, que
acabarás de llenar con el agua con gas
y el hielo.

REFRESCO DE SANDÍA Y PEPINO

Ésta es una bebida fantástica, dulce y refrescante para el verano, gracias a la fabulosa combinación de sandía, pepino y fresas. La servimos en nuestra boda y le encantó a todo el mundo. Además de ser fácil y rápida de preparar, es muy ligera. Sólo te harán falta 5 minutos, y tus invitados y tú podréis disfrutar de una bebida deliciosa.

Para 2 personas

SIN FRUTOS SECOS

½ pepino
400 g de pulpa de sandia sin pepitas
5 fresas lavadas
2 cucharaditas de sirope de arce (opcional)
un chorrito de tu licor favorito (opcional)
cubitos de hielo

Extrae el zumo del pepino.

Mézclalo en una batidora de vaso con la sandia, las fresas y el sirope de arce (si decides incorporarlo). Como el resultado debe ser suave, cuélalo en una jarra para evitar grumos. A continuación, retira el exceso de espuma con una cuchara.

Añade el licor, si lo deseas, y remuévelo.

Pon hielo en 2 vasos largos y sirve el refresco.

REBANADAS DE CENTENO CON PEPINO Y HUMMUS DE ALUBIAS AL LIMÓN

Estas sencillas tostadas son un complemento ideal para tomar el té por la tarde o para un tentempié. El hummus, cremoso y con un toque de limón, sabe genial, y más aún si se corona con unas rodajas crujientes de pepino, un poco de ralladura de limón y un pellizco de pimienta negra. Suelo preparar estos bocados para la merienda y conservo el hummus que me sobra en el frigorífico para acompañar otras comidas durante la semana.

Para 12 rebanadas

SIN FRUTOS SECOS

PARA EL HUMMUS

400 g de alubias en conserva escurridas
   y enjuagadas
1 cucharada de tahina
el zumo de 1 ½ limones
2 cucharaditas de comino molido
2 cucharadas de aceite de oliva
1 diente de ajo
sal

PARA LAS REBANADAS

3 rebanadas grandes de pan de molde
   (recomiendo el de centeno)
½ pepino cortado en rodajas finas
la ralladura fina y el zumo de 1 limón sin
   encerar
sal marina en escamas y abundante
   pimienta negra

En primer lugar prepara el hummus. Para ello, sólo debes triturar todos los ingredientes en un robot de cocina hasta que obtengas una mezcla cremosa y sin grumos.

A continuación, puedes tostar el pan, si lo deseas crujiente, o dejarlo tal cual (en mi opinión, el de centeno, así como la mayoría de los que no contienen gluten, quedan mejor tostados).

Unta cada rebanada con una buena capa de hummus y añade unas rodajas de pepino. Esparce por encima la ralladura de limón, para dar color y textura, un chorrito de zumo de limón, sal marina en escamas y pimienta negra recién molida. Por último, córtalas en cuartos para servir.

PASTEL DE PLÁTANO Y PASAS

Éste es uno de mis pasteles favoritos. Ya verás qué éxito tienes si se lo preparas a tus amigos y familiares. Gracias al toque jugoso de las pasas y la dulzura del coco, resulta de lo más ligero. Además, es una receta muy fácil que permite aprovechar esos plátanos maduros que siempre se nos quedan en la cocina... A tus invitados les encantará, sobre todo si se lo sirves con unos muffins de jengibre y unas rebanadas de centeno con pepino y hummus de alubias al limón (véanse las recetas en las págs. 224 y 220), para un delicioso y completo té de la tarde.

Para 1 pastel

PARA EL PASTEL

2 cucharadas de aceite de coco, y un poco
   más para untar el molde
4 plátanos muy maduros
300 g de avena
360 g de puré de manzana (*véase la pág. 23*)
3 cucharaditas de canela molida
2 cucharaditas de vainilla en polvo
4 cucharadas de azúcar de coco
150 g de pasas
2 cucharadas de semillas de chía

PARA EL GLASEADO

2 plátanos muy maduros, pelados
4 dátiles Medjool deshuesados
1 cucharadita de vainilla en polvo
2 cucharadas de aceite de coco
2 cucharadas de manteca de almendra
½ cucharadita de canela molida,
   y un poco más para decorar
chips de plátano para decorar (opcional)

Precalienta el horno a 200 °C
(180 °C si es de convección).

Unta un molde de 22 cm de diámetro con aceite de coco o fórralo con papel vegetal.

Pela los plátanos para el pastel, cháfalos con un tenedor y ponlos en un cuenco grande. Tritura la avena en un robot de cocina para convertirla en harina. Derrite las 2 cucharadas de aceite de coco en un cazo pequeño. A continuación, sólo tienes que mezclar todos los ingredientes y verter la preparación al molde.

Hornea el pastel durante 50 minutos, o hasta que al pincharlo con un cuchillo éste salga limpio. Deja que se enfríe —sin desmoldarlo— durante 30 minutos, así también terminará de cuajar.

Entretanto, prepara el glaseado. Para ello, bate todos los ingredientes (salvo las chips de plátano) hasta que obtengas una mezcla sin grumos. Déjala en el frigorífico entre 10 y 20 minutos para que se endurezca.

Cuando el pastel se haya enfriado del todo, desmóldalo y reparte el glaseado por encima. Decóralo con chips de plátano, si lo deseas, y espolvorea por encima un poco de canela.

MUFFINS DE JENGIBRE

Soy una gran amante del jengibre. Me encanta el toque reconfortante que le aporta a cualquier plato, sobre todo si se combina con vainilla, canela y nuez moscada, como en esta receta. Las especias se complementan muy bien y dan lugar a un tentempié que te mantendrá con energía toda la tarde. El glaseado es opcional; no te lo recomiendo si buscas algo fácil de llevar en el táper, pero añádelo si estás en casa, porque proporciona una textura suave y cremosa a estos muffins de avena, al tiempo que potencia su sabor.

Para 12 muffins

SIN FRUTOS SECOS

PARA LOS MUFFINS

250 g de yogur de coco

2 cucharadas de cáscara de psyllium
en polvo (la encontrarás en tiendas
de productos dietéticos o en internet)

175 g de harina de arroz integral

50 g de harina de coco

70 g de avena

100 g de azúcar de coco

2 cucharaditas de canela molida,
y un poco más para decorar (opcional)

2 cucharaditas de vainilla en polvo

1 cucharadita de nuez moscada molida

3 cucharaditas de jengibre molido, y un
poco más para decorar (opcional)

2 plátanos muy maduros, pelados
y chafados

2 cucharadas de aceite de coco derretido

2 cucharadas de sirope de arce

PARA EL GLASEADO

250 g de yogur de coco

1 cucharadita de jengibre molido

2 cucharadas de sirope de arce

Precalienta el horno a 200 °C (180 °C si es de convección) y coloca 12 moldes de papel en una bandeja para muffins.

Primero prepara la masa. Vierte el yogur de coco en un recipiente grande. A continuación, en un cuenco pequeño o una taza, mezcla la cáscara de psyllium con cuatro cucharadas de agua para convertirla en «huevo», que te ayudará a aglutinar la masa. Añade la mezcla al yogur de coco y bátelo a conciencia para que quede bien integrado.

Agrega entonces los ingredientes secos, 150 ml de agua y remuévelo. Incorpora los plátanos, el aceite de coco y el sirope de arce y mezcla hasta que obtengas una masa bastante compacta, que repartirás en los moldes de papel.

Hornea los muffins durante 40 minutos y deja que se enfríen del todo en la bandeja antes de añadir el glaseado (de lo contrario, éste se derretiría).

Para el glaseado, sólo debes mezclar todos los ingredientes en un cuenco y dejar que cuajen en el frigorífico durante unos minutos mientras los muffins acaban de atemperarse.

Añade el glaseado y, si lo deseas, espolvoréalos con canela o jengibre molidos antes de servirlos.

PASTELITOS DE AVENA CON MANTECA DE CACAHUETE Y MIEL

Estos pastelitos son tan adictivos que me los como en un santiamén. La combinación de plátano y manteca de cacahuete le da una consistencia entre blanda y pegajosa a cada bocado, y las pasas, el aceite de coco y la miel les proporcionan un delicioso toque dulce sin llegar a ser empalagoso, ya que toda hornada contiene sólo cuatro cucharadas de miel. Todo esto los convierte también en un fabuloso desayuno rápido.

Para 12 pastelitos

4 plátanos muy maduros

4 cucharadas de miel

4 cucharadas de manteca de cacahuete crujiente (o cualquier otra manteca de frutos secos)

200 g de pasas

300 g de avena

3 cucharadas de aceite de coco, más un chorrito para untar el molde

Precalienta el horno a 200 °C (180 °C si es de convección).

Pela los plátanos, colócalos en un cuenco y cháfalos con un tenedor. Añade el resto de los ingredientes y mézclalo todo bien.

Unta con aceite de coco un molde cuadrado para brownies de 20 cm, o fórralo con papel vegetal si lo prefieres, y añade la preparación anterior.

Hornéala entre 30 y 35 minutos, hasta que la masa esté bien dorada. Retírala del horno y deja que repose durante al menos 15 minutos para que acabe de cuajar. Una vez fría, córtala en 12 porciones ¡a disfrutar!

PASTEL DE CELEBRACIÓN

Si buscas un pastel dulce e irresistible para un cumpleaños u otro tipo de celebración, ésta es tu receta. Tiene una pinta impresionante y exquisita, gracias a las capas de bizcocho de vainilla y almendra con mermelada de arándanos y glaseado de caramelo, a las que se suma la cobertura de coco. Y es que las tres capas de bizcocho lo convierten en un pastel muy llamativo, al tiempo que los dos rellenos y el glaseado de coco le dan un aspecto realmente delicioso. Siento debilidad por los pasteles de chocolate, así que esta receta supone todo un cambio, pero no incluir este ingrediente hace de él un pastel algo más ligero, con lo que ¡podrás repetir!

Para 8-10 personas

PARA EL PASTEL

4 ½ cucharadas de aceite de coco,
   y un poco más para untar los moldes
3 cucharadas de semillas de chía
2 cucharaditas de vinagre de sidra
360 ml de leche de almendra
360 ml de sirope de arce
9 cucharaditas de vainilla en polvo
360 g de polenta molida a la piedra
420 g de almendras molidas
12 cucharaditas de arruruz molido

PARA LA MERMELADA DE ARÁNDANOS

250 g de arándanos
1 cucharada de sirope de arce
2 cucharadas de semillas de chía

PARA EL GLASEADO DE CARAMELO

10 dátiles Medjool deshuesados
3 cucharadas de leche de almendra
4 cucharadas de manteca de anacardo
una pizca de sal

PARA EL GLASEADO DE COCO

3 cucharadas de manteca de anacardo
250 g de yogur de coco
3 cucharadas de azúcar de coco
½ cucharadita de vainilla en polvo

PARA DECORAR

arándanos
azúcar de coco
chips de coco

Precalienta el horno a 195 °C
(175 °C si es de convección).

Unta con aceite de coco tres moldes para pasteles de 20 cm de diámetro, o bien fórralos con papel vegetal. Pon las semillas de chía en una taza con 8 cucharadas de agua y espera 20 minutos, hasta que aumenten de tamaño y adquieran una consistencia gelatinosa. Derrite las 4 ½ cucharadas de aceite de coco.

En un recipiente grande, mezcla todos los ingredientes para el pastel, incluyendo las semillas de chía y el aceite de coco. Remuévelo hasta que la mezcla sea homogénea. Repártela entonces en los moldes y hornéala entre 35 y 40 minutos, o hasta que la masa esté dorada y, al pincharla con un cuchillo, éste salga limpio.

Mientras, prepara la mermelada. Para ello, calienta los ingredientes en una cacerola durante unos 10 minutos, hasta que adquieran una consistencia densa y pegajosa, y luego deja que se enfríen. Para el glaseado de caramelo, tritura todos los ingredientes en un robot de cocina hasta que consigas una mezcla sin grumos. Para el de coco, bate los ingredientes o, si la manteca de anacardo no es demasiado sólida, remuévelos hasta que queden integrados. A continuación, ponlos en la nevera para que cuajen un poco.

Cuando los bizcochos estén hechos, deja que se atemperen antes de desmoldarlos.

Reparte una capa espesa de mermelada en un bizcocho (con un poco de glaseado de caramelo, si lo deseas) y cúbrelo con el segundo, en el que extenderás el glaseado de caramelo. Completa el pastel con el tercer bizcocho y añade encima el glaseado de coco. Decóralo con arándanos y chips y azúcar de coco, y sírvelo.

SCONES DE ARÁNDANOS CON CREMA DE VAINILLA Y COCO

Los scones son un elemento imprescindible del té de la tarde. Son tan típicamente ingleses que tenía que incluirlos en este menú. Como son deliciosos y no demasiado dulces, puedes servirlos con los pastelitos de avena y el pastel de celebración (véanse las recetas en las págs. 229 y 230, respectivamente). La crema de vainilla de esta receta es tan versátil que combina con la gran mayoría de las tartas o los postres.

Para 10 scones

3 cucharadas colmadas de aceite de coco,
    y un poco más para untar el molde
    para muffins (opcional)
300 g de harina de arroz integral
6 cucharadas de azúcar de coco
2 cucharaditas de arruruz molido
3 cucharaditas de vainilla en polvo
2 cucharaditas de canela molida
1 cucharadita de levadura en polvo
una pizca de sal
140 ml de leche de almendra
    (o de avena u otra bebida vegetal,
    si no consumes frutos secos)
la ralladura fina de 1 limón sin encerar,
    y el zumo de ½ limón
3 cucharaditas de sirope de arce
150 g de arándanos
80 g de pasas

PARA LA CREMA DE VAINILLA Y COCO

250 g de yogur de coco
1 cucharadita de vainilla en polvo
1 cucharada de miel líquida y clara
    (para ofrecer un aspecto
    más atractivo)

Precalienta el horno a 200 °C
(180 °C si es de convección).

Unta una bandeja para muffins con aceite
de coco.

En un cuenco, mezcla bien los ingredientes
secos, excepto los arándanos y las pasas.

Añade las 3 cucharadas del aceite de coco
y remuévelo con las puntas de los dedos,
levantando las manos sobre el cuenco, hasta
que adquiera una consistencia parecida a la
de la miga de pan.

Incorpora entonces la leche de almendra, la ralladura y el zumo de limón y el sirope de arce, y trabaja la mezcla. A continuación agrega los arándanos y las pasas.

Pon una cucharada generosa de la preparación en cada hueco de la bandeja para muffins y luego alisa la parte superior con el dorso de la cuchara de postre que habrás utilizado. Deberías tener suficiente masa para 10 scones.

Hornéalos durante 25 minutos, pero échales un vistazo a los 20; estarán hechos cuando empiecen a dorarse. Retíralos del horno y deja que se enfríen.

Mientras tanto, bate los ingredientes para la crema de vainilla y coco en un recipiente. Cúbrelo y consérvalo en el frigorífico hasta el momento de llevar a la mesa. Sirve los scones con la crema y unos frutos del bosque frescos, si lo deseas.

POSTRES

LA MEJOR MANERA DE TERMINAR UNA COMIDA

GRANIZADO DE SANDÍA Y MENTA

Éste es un postre de lo más ligero y refrescante para el que sólo necesitarás tres ingredientes.
Es ideal para que tus amigos y tú os lo toméis en las cálidas noches de verano acompañado
de un cóctel con o sin alcohol (véanse las recetas en las págs. 214-219). En mi opinión, es
el broche final perfecto para una cena en el jardín, compuesta por unos filetes
de coliflor marinados con quinua al chile y el hummus de tomates secos y alubias
(véanse las recetas en las págs. 134 y 137, respectivamente).

Para 4 granizados

SIN FRUTOS SECOS

3 g de menta fresca, y un poco
   más para decorar (opcional)
500 g aprox. de sandía
1 cucharada de miel

Pon las hojas de menta en una jarra de medición y vierte encima 150 ml de agua hirviendo. Remueve y déjalo en infusión durante 10 minutos.

Mientras tanto, quítale la corteza y las pepitas a la sandía y córtala en trozos, que introducirás en un robot de cocina y triturarás hasta que esté bien líquida.

Retira las hojas de menta del agua e incorpora la miel, y remueve hasta que se diluya. Mezcla esta infusión con la sandía y ponla en el congelador, en un recipiente tapado.

Al cabo de una hora, saca el granizado. Raspa los trozos que se hayan congelado en las paredes del recipiente, mézclalos con el resto del líquido y ponlo de nuevo en el congelador. Repite la operación cada hora hasta que obtengas la textura de copos helados típica de un granizado. Sírvelo en unos vasos y decóralos con hojas de menta si lo deseas.

COOKIES DE NARANJA Y CARDAMOMO

Estas cookies son un dulce básico que puedes tener siempre preparado en casa. Aunque visualmente no son tan llamativas o tentadoras como otros postres, estas sabrosas galletas de avena te saciarán el apetito cuando te apetezca tomar algo dulce a media tarde o cuando quieras darte un capricho después de cenar. La combinación de naranja, limón, cardamomo y canela les aporta un aroma fantástico, mientras que la miel y las pasas les proporcionan el toque justo de dulzura.

Para 10-12 cookies

SIN FRUTOS SECOS

3-5 vainas de cardamomo (dependiendo
   del sabor más o menos intenso
   que desees)
300 g de avena
6 cucharadas de miel
la ralladura fina de 1 limón sin encerar,
   y el zumo de ½ limón
la ralladura fina de 1 naranja sin encerar,
   y el zumo de ½ naranja
2 cucharadas de semillas de chía
3 cucharadas de aceite de coco derretido
2 cucharaditas de canela molida
6 cucharadas de leche vegetal
40 g de pasas

Precalienta el horno a 200 °C
(180 °C si es de convección).

Forra una bandeja de hornear con papel
vegetal.

Chafa las vainas de cardamomo con
el lado plano de un cuchillo. Cuando
se abran, retira las semillas y machácalas
en el mortero.

Tritura 200 g de avena en un robot
de cocina durante unos 30 segundos,
hasta que se convierta en harina.

Pon el cardamomo y la avena molida
en un cuenco grande y añade el resto de
los ingredientes, sin olvidar los 100 g
de avena entera. Remueve bien hasta
que obtengas una preparación con una
consistencia más pegajosa y húmeda
que liquida.

Con las manos, forma una bolita con el
equivalente a una cucharada de la mezcla,
luego colócala en la bandeja y aplástala.
Repite la operación para preparar entre
10 y 12 cookies.

Hornéalas entre 20 y 25 minutos. Retíralas
y deja que se enfríen en la bandeja para
que se endurezcan, y ya puedes servirlas.

CONSEJO
Ralla los cítricos antes de exprimirlos.
Si pretendes hacerlo después, te resultará
casi imposible.

COMBÍNALO
Cubre las cookies con una buena capa
de manteca de almendra y cómetelas
para merendar. ¡Estarán deliciosas!

MANZANAS CON CARDAMOMO Y MIEL

Este exquisito y reconfortante postre es ideal si buscas algo dulce y ligero para finalizar una comida, pero no quieres pasarte horas en la cocina. Me encanta servirlo con yogur de coco, unos frutos secos, semillas de girasol y un chorrito de miel. Si preparas de sobra, a la mañana siguiente podrás añadirle un toque especial al porridge del desayuno.

Para 4 personas

SIN FRUTOS SECOS

1 cucharada de aceite de coco
1 ½ cucharaditas de cardamomo molido
1 ½ cucharaditas de canela molida
2 cucharadas de miel
4 manzanas descorazonadas y cortadas
    en cuñas

Derrite el aceite de coco en una sartén grande, añade las especias y la miel y remuévelo bien. Incorpora las porciones de manzana.

Cocinalas durante unos 10 minutos, hasta que se reblandezcan. Sírvelas con yogur de coco y con semillas o frutos secos tostados.

CONSEJO

Para esta receta, utiliza el cardamomo molido, no en semillas, ya que el postre debe tener una textura superfina. (Si majas las semillas en casa, asegúrate de que queden bien machacadas, y después tamízalas; no te limites simplemente a chafarlas.)

POLOS DE COCO Y MANGO

Estos polos son una delicia imprescindible en verano e increíblemente fáciles de preparar,
pues sólo debes mezclar cuatro ingredientes y ponerlos en el congelador. Me encanta saber
que, cuando empieza el calor, no tengo más que ir a la cocina y coger uno para refrescarme.
Son perfectos después de un curri.

Para 6 polos

SIN FRUTOS SECOS

1 plátano maduro (unos 200 g)
1 mango maduro (unos 320 g)
200 ml de leche de coco
1 cucharada de miel

Pela el plátano y el mango, deshuesa este último y trocea las dos frutas.

A continuación, tritúralas en una batidora de vaso durante un minuto, hasta que obtengas una mezcla sin grumos.

Llena con ella unos moldes para polos y congélalos durante unas 5 horas.

SUPERRÁPIDO
10 minutos, más el tiempo en el congelador.

BOMBONCITOS SALADOS DE TAHINA Y MACA

Ésta es, sin duda, otra de mis recetas favoritas del libro; es deliciosa y adictiva. Después de probar por primera vez estos bomboncitos, no dejé de pensar en ellos durante semanas, y es que literalmente soñaba con ellos. Al final, no puede resistirlo más y desde entonces los he preparado muy a menudo para satisfacer ese irreprimible antojo que me provocan. Es una opción perfecta si, en vez de un gran postre, sólo deseas tomar un pequeño bocado dulce, o también para después del té o el café.

Para 16-20 bomboncitos

200 g de anacardos
1 ½ cucharaditas de vainilla en polvo
6 dátiles Medjool deshuesados
2 cucharadas de maca en polvo
3 cucharadas de azúcar de coco
3 cucharadas de tahina
sal marina en escamas

Precalienta el horno a 220 °C (200 °C si es de convección).

Forra un táper o molde con film transparente.

Reparte los anacardos en una bandeja refractaria y tuéstalos en la parte superior del horno durante 5 minutos, o hasta que empiecen a dorarse. Sácalos y deja que se enfríen. A continuación, tritúralos en un robot de cocina potente junto con la vainilla en polvo, hasta que obtengas una manteca cremosa.

Añade los dátiles, la maca, el azúcar de coco y la tahina, y tritúralo todo 5 minutos más, hasta que los primeros se deshagan y consigas unas pasta sin grumos (puede que el resultado sea un poco quebradizo, pero no pasa nada).

Echa la mezcla en el táper o el molde que has preparado y presiónala con una espátula para nivelarla. Esparce por encima la sal marina en escamas y mantenla en el congelador durante 2 horas para que se endurezca.

Para que se ablande un poco, saca la cantidad que necesites 30 minutos antes de servir los bomboncitos.

CONSEJO

Estos bomboncitos tendrán un aspecto mucho más apetitoso y serán más fáciles de transportar si los envuelves individualmente con papel vegetal.

BARRITAS DE QUINUA, AVELLANA Y CACAO

Estas barritas son otra de mis recetas favoritas del libro. Sientan tan bien que corres el riesgo de encontrarte con que la mitad hayan desaparecido incluso antes de que empieces a repartirlas. La base es fantástica: dulce en su justa medida y con una variedad extraordinaria de aromas y texturas (personalmente, me encanta la que le dan los orejones de albaricoque). Además, la cobertura de chocolate le añade un irresistible toque final.

Para 20 barritas

PARA LA BASE

160 g de avellanas

12 dátiles Medjool deshuesados

4 cucharadas de manteca de almendra

2 cucharadas de tahina

5 cucharadas de aceite de coco

40 g de quinua hinchada

50 g de semillas de sésamo

60 g de pasas

150 g de orejones de albaricoque
    (preferiblemente ecológicos),
    cortados en trozos pequeños

PARA LA CAPA DE CHOCOLATE

200 g de manteca de cacao

5 cucharadas de cacao puro en polvo

6 cucharadas de sirope de arce

una pizca de sal

Precalienta el horno a 200 ºC
(180 ºC si es de convección).

Forra una bandeja refractaria de 30 x 20 cm con papel vegetal.

Tuesta las avellanas en otra bandeja durante 10 minutos, retíralas del horno y deja que se atemperen.

Tritura las avellanas en un robot de cocina hasta que queden bien troceadas y luego ponlas en un recipiente grande.

Introduce los dátiles, la manteca de almendra, la tahina y el aceite de coco en el robot de cocina, y tritúralos durante un minuto más o menos hasta que se forme una pasta sin grumos, que añadirás a las avellanas. Agrega el resto de los ingredientes para la base y mézclalo todo bien.

Pon la preparación en la bandeja. Luego presiónala y asegúrate de que quede bien repartida y plana. Métela en el frigorífico para que cuaje.

Mientras tanto, prepara la capa de chocolate. Para ello, sólo debes calentar la manteca de cacao, el cacao en polvo, el sirope de arce y la sal en un cazo a fuego muy lento, hasta que la manteca se derrita y se mezclen los ingredientes (no dejes que hierva). Saca la base del frigorífico y vierte encima el chocolate. Ponlo de nuevo en la nevera durante 90 minutos para que éste también se endurezca.

A la hora de servir, córtalo en 20 barritas y conserva lo que te sobre en la nevera.

TRUFAS DE PISTACHO Y NARANJA

*Estas bolitas son una auténtica delicia que puedes servir después de cenar, con el té
o el café. Su textura, blanda por dentro y crujiente por fuera, las convierte en un bocado
dulce e insuperable. Por no hablar del suave relleno de chocolate y de los pistachos
que las cubren y que les dan el toque final perfecto.*

Para 16-18 trufas

50 g de pistachos
15 dátiles Medjool deshuesados y picados
la ralladura fina de 1 naranja sin encerar,
   y el zumo de ½ naranja
1 cucharadita de aceite de coco
3 cucharadas de cacao puro en polvo

Tritura los pistachos en un robot de cocina
hasta que queden con una consistencia
similar a las migas. No te preocupes si
los trozos de pistacho no tienen el mismo
tamaño; como los utilizarás para recubrir las
trufas, esa desigualdad les dará un toque...
Cuando te convenza el aspecto de los
pistachos, resérvalos en un cuenco.

Tritura entonces los dátiles, la ralladura de
naranja, el aceite de coco y el cacao en
polvo en un robot de cocina. Si la mezcla se
adhiere en las paredes, usa una espátula para
despegar los ingredientes y que caigan sobre
las cuchillas. Sigue triturando. En el momento
que empiecen a integrarse, añade el zumo de
naranja y mézclalo bien hasta que obtengas
una pasta con una consistencia pegajosa y
con la que puedas formar unas bolitas.

Prepara una bandeja y humedécete un poco
las manos para facilitarte el trabajo. Coge
el equivalente a una cucharadita y forma la
primera bola. A continuación, rebózala con
los pistachos triturados hasta que quede bien

recubierta y colócala en la bandeja. Repite la
operación hasta agotar la masa.

Pon la bandeja con las trufas en el frigorífico
para que se enfríen durante al menos
30 minutos antes de servirlas.

COMBÍNALO

Si no quieres usar pistachos, puedes optar
por cualquier otro fruto seco que tengas a
mano, aunque en este caso su característico
color proporciona a las trufas un aspecto
sensacional. Si quieres darles un aspecto aún
más llamativo con diferentes texturas, puedes
utilizar una mezcla de pistachos y anacardos
troceados con algunos pistachos laminados.

SUPERRÁPIDO

15 minutos, más el tiempo en la nevera.

FRUTOS DEL BOSQUE CON SALSA CREMOSA DE CHOCOLATE Y FRUTOS SECOS TOSTADOS

Éste es el postre perfecto para una cena con amigos entre semana. Sólo se tarda 15 minutos en prepararlo y siempre sale bueno, así que es ideal cuando vas con el tiempo justo y estás cansada tras un largo día de trabajo. Me gusta servirlo en boles pequeños: pongo una capa de frutos del bosque frescos y brillantes en el fondo, y añado la salsa caliente de chocolate y unos frutos secos troceados por encima. No tiene nada de especial, pero siempre gusta a todo el mundo.

Para 4 personas

50 g de pacanas

50 g de almendras

3 cucharadas de aceite de coco

50 g de cacao puro en polvo

6 cucharadas de sirope de arce

1 cucharada de manteca de almendra
o de otro fruto seco

50 ml de leche vegetal (recomiendo
la de almendra)

400 g de frutos del bosque (recomiendo
arándanos y frambuesas, pero también
se pueden utilizar otros)

Precalienta el horno a 200 °C
(180 °C si es de convección).

Tuesta las pacanas y las almendras en
una bandeja refractaria durante 10 minutos,
hasta que estén crujientes. Luego resérvalas.

En una cacerola, calienta a fuego lento
y durante unos minutos el aceite de coco,
el cacao en polvo, el sirope de arce y la
manteca de almendra hasta que todo quede
derretido. Retíralo del fuego, incorpora la
leche de almendra y mézclalo bien para
obtener una crema sin grumos.

Trocea los frutos secos y monta el postre.
Para ello, reparte los frutos del bosque
en 4 boles, vierte encima la salsa de
chocolate y corónalo con los frutos
secos. ¡Delicioso!

DE LA SARTÉN AL PLATO
15 minutos.

CONSEJO
Con este postre podrás aprovechar fruta
que te sobre. Cualquiera va bien: uvas, moras,
fresas... lo que tengas en la nevera.

TARTA DE MELOCOTÓN Y COCO

Esta tarta es una maravilla y una opción muy buena para los cálidos días de verano, en los que podrás disfrutarla al aire libre junto a unos amigos. Pero también es una receta excelente y sabrosa para aquellos a los que no les gustan los postres demasiado dulces. Me encanta servirla ligeramente caliente con una buena ración de helado de coco.

Para 1 tarta grande / 12 personas

6 melocotones
7 cucharadas de aceite de coco
4 cucharadas de sirope de arce
una pizca de canela molida
2 cucharadas de semillas de chía
100 g de harina de trigo sarraceno
200 g de almendras molidas
3 cucharaditas de vainilla en polvo
4 cucharadas de azúcar de coco
75 g de coco deshidratado
10 g de chips de coco

Precalienta el horno a 200 °C
(180 °C si es de convección).

Prepara una bandeja refractaria
de 26 x 28 cm.

Corta los melocotones por la mitad y, una vez deshuesados, en rodajas. Calienta una cucharada de aceite de coco y otra de sirope de arce en una cacerola y añade las rodajas de melocotón y la canela. Cocinalas durante 10 minutos, hasta que las frutas empiecen a reblandecerse, pero sin que lleguen a perder su forma.

En un cuenco pequeño, mezcla las semillas de chia con 6 cucharadas de agua y déjalas en remojo durante 20 minutos, hasta que aumenten de tamaño y adquieran una consistencia gelatinosa.

Tritura la harina, las almendras molidas, la vainilla, el azúcar de coco, las 6 cucharadas restantes de aceite de coco y las 3 de sirope de arce en un robot de cocina hasta que todo quede bien integrado.

Coge 85 g de esta preparación y mézclala en un cuenco con el coco deshidratado.

Cuando las semillas de chía hayan absorbido el agua, añádelas al robot de cocina y tritura de nuevo.

Con un rodillo, extiende el contenido del robot de cocina sobre una lámina de papel vegetal, hasta que tenga 2,5 cm de grosor y la anchura aproximada de la bandeja.

Colócalo en la bandeja y hornéalo durante 10 minutos. Retira del horno y deja que se enfrie 5 minutos antes de repartir por encima la mitad de las rodajas de melocotón, que presionarás ligeramente con el dorso de una cuchara de madera. Esparce la mezcla de coco deshidratado que has reservado antes y hornea 20 minutos más.

Retira la tarta del horno, añade la otra mitad de los melocotones y las chips de coco y sigue con el horneado durante 12 minutos más.

Entonces sácala y deja que se enfrie unos 20 minutos. Corta la tarta en porciones y sírvela. Para que no se ablande, conserva lo que te sobre en la nevera, dentro de un recipiente hermético.

ROCKY ROADS DE MANTECA DE ALMENDRA

*Me cuesta encontrar palabras para describir lo mucho que me gusta este postre.
Podría comerme tranquilamente la bandeja entera de una sola vez... como, en realidad,
he hecho en más de una ocasión. En cada bocado sientes el chocolate, el dulzor
de las pasas, la textura crujiente del trigo sarraceno tostado... Sólo puedo decirte
que las pruebes, te aseguro que las adorarás. También se pueden preparar
sin frutos secos, haciendo sólo un par de cambios.*

Para 15 porciones

150 g de trigo sarraceno en grano

100 g de manteca de cacao

200 g de avena

100 g de pacanas (o semillas de calabaza,
si no comes frutos secos)

300 g de dátiles Medjool deshuesados

2 cucharadas colmadas de manteca de
almendra (o tahina, si no comes frutos
secos)

5 cucharadas de sirope de arce

5 cucharadas de cacao puro en polvo

una pizca de sal marina

100 g de pasas

Precalienta el horno a 200 °C
(180 °C si es de convección).

Reparte los granos de trigo sarraceno en
una bandeja refractaria y hornéalos durante
10 minutos; remuévelos a media cocción
para que se tuesten de manera uniforme.

Mientras tanto, derrite la manteca de cacao
en un cazo a fuego lento.

Tritura la avena y las pacanas en un robot
de cocina hasta que estén bien molidas.
Añade los dátiles, la manteca de almendra,
el sirope de arce, el cacao en polvo, la
manteca de cacao derretida y la sal. Sigue
triturando hasta que obtengas una mezcla
con una consistencia pegajosa y sin grumos.

Vierte esta masa en un cuenco grande con
las pasas y el trigo sarraceno tostado
y mézclalo todo bien.

Forra un molde cuadrado para brownies
de 20 cm con papel vegetal, pon en él la
preparación y alísala con una espátula.
Como puede ser bastante pegajosa, procura
presionarla bien en las esquinas. Congélala
durante una hora más o menos y luego
córtala en 15 porciones antes de servir.

PASTEL DE MANTECA DE CACAHUETE Y MERMELADA

*Este pastel está riquísimo. La maravillosa combinación de dátiles, plátano, manteca
de cacahuete y aceite de coco da al bizcocho un toque acaramelado y dulce, y el glaseado
también es muy especial. Suelo poner dos capas muy nutritivas: una de manteca
de cacahuete, sirope de arce y vainilla, y otra de frambuesas con azúcar de coco.
Puedes imaginarte lo deliciosas que están cuando las combinas y las acompañas
con el bizcocho. Es el broche de oro para cualquier celebración, o también una buena
recompensa para el fin de semana si has tenido que pasar tiempo en la cocina.*

Para 1 pastel

PARA EL PASTEL

1 cucharada de aceite de coco, y un poco
  . más para untar los moldes
150 g de avena
150 g de almendras molidas
200 ml de leche de arroz integral
2 aguacates maduros, pelados
  y deshuesados

10 dátiles Medjool deshuesados
10 cucharadas de cacao puro en polvo
8 cucharadas de sirope de arce
5 cucharadas de azúcar de coco
5 cucharadas de manteca de cacahuete
4 cucharadas de semillas de chía
1 plátano pequeño muy maduro (80 g sin
  pelar), pelado y chafado
una pizca de sal

PARA EL GLASEADO

100 g de anacardos (dejados en remojo entre 2 y 4 horas)

3 cucharadas de sirope de arce

1 cucharadita de vainilla en polvo

½ cucharada de aceite de coco

½ cucharada de azúcar de coco

3 cucharadas de manteca de cacahuete

PARA LA CAPA DE FRAMBUESA

250 g de frambuesas, y un poco más para servir

2 cucharadas de azúcar de coco, y un poco más para servir

Precalienta el horno a 200 °C (180 °C si es de convección).

Unta 2 moldes para pasteles de 20-22 cm de diámetro con aceite de coco.

Tritura la avena en un robot de cocina hasta que se convierta en harina. Añade los demás ingredientes —sin olvidar la cucharada de aceite de coco— y sigue triturando hasta que obtengas una mezcla espesa de color chocolate, que verterás en los moldes.

Hornea los bizcochos durante 50 minutos, hasta que, al pincharlos con un cuchillo, éste salga limpio. Deja que se enfríen en los moldes para que acaben de compactarse.

Mientras tanto, prepara el glaseado. Para ello, escurre los anacardos y tritúralos en una batidora de vaso junto con los demás ingredientes y 60 ml de agua. Traspasa la mezcla a un cuenco y ponla en la nevera durante unos 10 minutos para que adquiera consistencia.

Para la capa de frambuesa, chafa la fruta en un plato y mézclala con el azúcar de coco.

Por último, coge el bizcocho que te haya quedado peor y extiende por encima la mitad del glaseado y, luego, la mitad del puré de frambuesas. Pon el otro bizcocho encima y repite la operación. Sobre esta última capa de puré de frambuesas añade algunas enteras. Personalmente, me gusta espolvorearlo con azúcar de coco para darle el toque final y que tenga un aspecto fantástico.

TARTA DE CHOCOLATE Y NARANJA

Cualquier postre que lleve chocolate y naranja como ingredientes principales siempre va a tener éxito. Se trata de una combinación clásica de sabores que gusta a todo el mundo y esta tarta no es una excepción. La base de almendras y naranja tiene también unos toques sutiles de cacao, coco y sirope de arce, que complementan a la perfección la dulce y cremosa capa superior. El toque final se lo proporcionan la ralladura de naranja y la sal marina en escamas, que realzan los aromas y le dan un aspecto irresistible.

Para 10-12 personas

PARA LA BASE

2 cucharadas de aceite de coco, y un poco
   más para untar el molde
150 g de almendras
2 cucharadas de cacao puro en polvo
150 g de dátiles Medjool deshuesados
la ralladura fina de 1 naranja sin encerar,
   y el zumo de ½ naranja
una pizca de sal
1 cucharada de sirope de arce

PARA LA CAPA SUPERIOR

2 aguacates maduros
2 cucharadas de aceite de coco
4 cucharadas de sirope de arce
2 cucharadas de miel
4 cucharadas colmadas de cacao puro
   en polvo
la ralladura fina y el zumo de 2 naranjas
   ecológicas
una pizca de sal
2 cucharadas de manteca de cacahuete
   o almendra

PARA DECORAR

la ralladura fina de ½ naranja ecológica
una pizca de sal marina en escamas

Unta un molde desmontable de 20 cm de diámetro con aceite de coco o fórralo con papel vegetal.

Prepara la base. Para ello, tritura las almendras en un robot de cocina hasta que se conviertan en una especie de harina gruesa y añade el resto de los ingredientes, sin olvidar las 2 cucharadas de aceite de coco. Sigue triturando hasta que obtengas una mezcla pegajosa, que luego verterás en el molde con la ayuda de una espátula. Una vez hecho esto, mételo en el congelador durante 30 minutos.

Mientras tanto, prepara la capa superior. Pela y deshuesa los aguacates y, a continuación, tritúralos con los demás ingredientes en un robot de cocina hasta que la mezcla sea cremosa y sin grumos, parecida a una mousse, que repartirás sobre la base. Ponla de nuevo en el congelador durante una hora y sácala unos 15 minutos antes de servir.

Añade encima la ralladura de naranja y espolvoréela con un pellizco de sal marina en escamas.

Puedes congelar lo que sobre.

PASTEL DE CHOCOLATE Y MANTECA DE CACAHUETE

¿A quién no le gusta una receta con este nombre? Es irresistible: dulce, apetitosa,
tiene un toque de frutos secos y, sobre todo, está realmente deliciosa. Como llena bastante,
es mejor que la sirvas en porciones más bien pequeñas y que la acompañes con unas
cucharadas de yogur de coco, para aligerarlo. Es la última gran delicia que he creado,
así que ¡espero que te animes a probarla!

Para 12 personas

PARA LA CAPA DE CHOCOLATE

120 g de aceite de coco, y un poco
    más para untar el molde
100 g de cacao puro en polvo
30 g de manteca de cacao
1 cucharadita de vainilla en polvo
60 g de manteca de cacahuete
60 g de miel
60 g de azúcar de coco
una pizca de sal

PARA LA BASE

200 g de avena
40 g de aceite de coco
30 g de manteca de cacahuete
30 g de miel
1 cucharadita de vainilla en polvo
una pizca de sal

PARA LA CAPA DEL MEDIO Y LA COBERTURA

150 g de manteca de cacahuete
1-2 cucharadas de cacahuetes crudos
    y sin sal troceados

Unta un molde desmontable de 20 cm de diámetro con aceite de coco o fórralo con papel vegetal.

Empieza preparando la capa de chocolate. Para ello, sólo debes calentar todos los ingredientes en una cacerola a fuego lento y removerlos hasta que se derritan y queden bien mezclados. Deja que la preparación se atempere y se espese.

Mientras tanto, prepara la base. Primero tritura la avena en un robot de cocina hasta que se convierta en harina y añade el resto de los ingredientes, junto con 2 cucharadas de agua y dos más de la mezcla para la capa de chocolate. Luego sigue triturando hasta que la textura se torne pegajosa. Traspasa la mezcla al molde, presionándola para compactarla, y a continuación ponla en el congelador entre 10 y 15 minutos para que adquiera consistencia.

Pasado este tiempo, reparte los 150 g de manteca de cacahuete de manera uniforme sobre la base y congélala durante 10 minutos para que se endurezca.

Por último, vierte la capa de chocolate y esparce por encima los cacahuetes. Deja el pastel durante 30 minutos en el frigorífico antes de servirlo. Ten paciencia: este rato en la nevera es imprescindible.

Puedes guardar lo que te sobre en el frigorífico o en el congelador.

PUDIN DE DÁTILES CON SALSA DE TOFFEE

Cuando era pequeña, este pudin era nuestro postre favorito: el de mis hermanas y el mío. Estábamos tan obsesionadas con él que lo pedíamos siempre... solíamos comerlo incluso el día de Navidad. Estoy segura de que uno de los motivos por los que me encanta es que es un homenaje a los sabrosos y dulces dátiles, que, como muchos de vosotros sabéis, me vuelven loca. Así que cualquier postre que tenga estos frutos como ingrediente principal, ocupará siempre un lugar destacado en mis libros. Además, este pudin es una excelente manera de terminar una comida, y como nada en él hace pensar que sea sano, es perfecto para sorprender a tus amigos más escépticos. Está buenísimo si lo acompañas con yogur o helado de coco, ya que le añade un toque refrescante.

Para 8 personas

PARA LA SALSA DULCE

200 g de dátiles Medjool deshuesados

3 cucharadas de aceite de coco

2 cucharadas de sirope de arce

2 cucharadas de azúcar de coco

una pizca de sal

PARA EL PUDIN

200 g de dátiles Medjool deshuesados

2 cucharadas de semillas de linaza

130 g de almendras molidas

70 g de polenta

2 cucharadas de azúcar de coco

2 cucharadas de sirope de arce

2 cucharadas de sirope de dátiles

1 cucharadita de vainilla en polvo

una pizca de sal

Empieza por la salsa. Primero calienta los dátiles en una cacerola con el aceite de coco durante unos 5 minutos, hasta que se reblandezcan. A continuación, tritúralos en una batidora de vaso con el sirope de arce, el azúcar de coco, la sal y 250 ml de agua, hasta que obtengas una deliciosa crema espesa sin grumos.

Es el turno el pudin. Calienta los dátiles en una cacerola con 250 ml de agua a fuego lento hasta que se conviertan en una pasta de consistencia pegajosa. Resérvala. En un cuenco, pon en remojo las semillas de linaza con 4 cucharadas de agua durante 10 minutos, hasta que ésta empiece a espesarse. A continuación mézclalas con la pasta de dátiles y los demás ingredientes en un recipiente grande.

Forra un molde o cuenco para pudin con papel vegetal. Vierte en él 5 cucharadas de la salsa y, luego, la preparación para el pudin. Ata con una cuerda una lámina de papel vegetal sobre el molde para que quede bien fijada. Ponlo en una cacerola grande y llénala de agua hirviendo hasta la mitad del molde. Tapa, calienta a fuego medio, llévalo a ebullición y mantenlo así durante una hora y media. Asegúrate de que el agua no se evapore, ya que el pudin podría quemarse o incluso podría romperse el molde; compruébalo cada 30 minutos.

A la hora de servir, coloca un plato sobre el molde y dale la vuelta para desmoldar el pudin. Deja que repose unos 10 minutos mientras recalientas la salsa. Échasela encima.

PASTEL DE POLENTA Y NARANJA

Este pastel es, sin duda, el favorito en la oficina de Deliciously Ella. Cuando lo preparamos, dura un suspiro y no vemos el momento de volver a probar la receta... Es más ligero que el pastel de manteca de cacahuete y mermelada (véase la receta en la pág. 262) y tiene un delicioso toque de almendra y naranja. Lo que más me gusta es el glaseado de naranja y azúcar de coco, ya que le da un sabor delicioso y un aspecto atractivo a la vez. Se puede servir a temperatura ambiente, pero también recién salido del horno con un poco de helado de anacardos o de coco, y tomar así algo especial y reconfortante en invierno o, incluso, en una noche fresca de verano.

Para 12 personas

PARA EL PASTEL

3 cucharadas de aceite de coco, y un poco
   más para untar el molde (opcional)
2 ½ cucharadas de semillas de chía
1 ½ cucharaditas de vinagre de sidra
180 ml de leche de almendra
180 ml de sirope de arce
2 cucharaditas de vainilla en polvo
270 g de polenta fina
300 g de almendras molidas
7 cucharaditas de arrurruz molido
la ralladura fina de ½ limón sin encerar
la ralladura fina y el zumo de 1 naranja
   sin encerar
una pizca de sal

PARA EL GLASEADO

la ralladura fina y el zumo de 2 naranjas
   sin encerar
la ralladura fina de 1 limón sin encerar
4 cucharadas de azúcar de coco

Precalienta el horno a 195 °C
(175 °C si es de convección).

Unta con aceite de coco un molde para pasteles de 20 cm de diámetro o fórralo con papel vegetal.

Pon las semillas de chía en una taza, vierte 6 cucharadas de agua y espera 20 minutos, hasta que adquieran una consistencia gelatinosa.

Calienta las 3 cucharadas de aceite de coco a fuego lento hasta que se derrita.

En un recipiente grande, mezcla todos los ingredientes para el pastel, con las semillas de chía y el aceite de coco. Remuévelo hasta que obtengas una preparación homogénea, con la que llenarás el molde.

Hornea el pastel entre 45 y 50 minutos, hasta que adquiera un tono dorado y, al pincharlo con un cuchillo, éste salga limpio.

Mientras tanto, prepara el glaseado. Para ello, calienta en un cazo a fuego lento la ralladura de naranja y limón, el zumo de naranja y el azúcar de coco, hasta que este último se diluya y cree un sirope espeso.

Cuando el pastel esté hecho, retíralo del horno y deja que se enfríe durante 20 minutos en el molde, que colocarás sobre una rejilla. Reparte por encima el sirope y la ralladura, desmolda y sirve.

SUNDAE DE HELADO

Comerse este postre es toda una experiencia gracias a esos dulces bocaditos de brownie de avellanas y suave helado de plátano, combinados con trozos de dátiles, tu manteca de frutos secos favorita, salsa cremosa de chocolate, avellanas tostadas, chips de coco y un puñado de frutos del bosque. ¡Ñam! Es un poco difícil de elaborar, ya que combina varios elementos, pero vale la pena prepararlo cuando te apetece algo especial.

Para 4 personas

PARA EL HELADO

8 plátanos muy maduros

4 cucharadas de manteca crujiente de frutos secos (las de cacahuete, almendra y anacardo son ideales)

12 dátiles Medjool deshuesados y troceados

PARA LOS BOCADITOS DE BROWNIE DE AVELLANAS

80 g de avellanas tostadas

200 g de dátiles Medjool deshuesados

2 cucharadas de cacao puro en polvo

PARA LA SALSA DE CHOCOLATE

50 g de cacao puro en polvo

6 cucharadas de sirope de dátiles

2 cucharadas de aceite de coco

3 cucharadas de leche de coco

PARA SERVIR

frutas del bosque

avellanas tostadas (opcional)

chips de coco (opcional)

Empieza por el helado. Pela los plátanos, córtalos en rodajas finas y congélalos durante al menos 4 horas.

Mientras, prepara los bocaditos de brownie. Para ello, tritura las avellanas en un robot de cocina; luego añade los dátiles y el cacao y sigue triturando hasta que obtengas una mezcla pegajosa, que repartirás en una bandeja refractaria. Presiona la mezcla para aplanarla, cúbrela y resérvala en la nevera.

Prepara la salsa de chocolate cuando estés a punto de montar los sundaes. Primero derrite el cacao en polvo, el sirope de dátiles y el aceite de coco, y luego incorpora la leche de coco, bátelo y deja que se enfríe.

Saca los plátanos del congelador y espera unos minutos para que se descongelen un poco. Mientras tanto, trocea el brownie en porciones del tamaño de un bocado.

Tritura los plátanos en un robot de cocina durante un minuto más o menos, hasta que adquieran una consistencia parecida a la de un helado suave, sin grumos. Añade la manteca de frutos secos y tritura unos segundos más. Incorpora entonces los dátiles y mézclalo todo, pero sin llegar a triturarlos, ya que deben quedar en trozos.

Pon unos bocaditos de brownie y un puñado de frutos del bosque en el fondo de 4 copas o boles, añade una cucharada o dos de helado, algunos brownies más y, por último, la salsa de chocolate. Dale el toque final con unas avellanas tostadas o con chips de coco, si lo deseas.

¡Sirve el helado recién hecho, antes de que se derrita!

ÍNDICE DE RECETAS

ÍNDICE

AGRADECIMIENTOS

En cada nuevo libro constato que la lista de personas a las que quiero dar las gracias se hace más y más larga, porque cada vez hay más gente formidable en mi vida y que respalda Deliciously Ella.

No hace falta decir que el principal agradecimiento se lo dedico a todos mis lectores. Habéis hecho posible mi carrera y siempre os estaré agradecida por vuestro apoyo y entusiasmo diario por todo lo que hago. Sois mi inspiración y la razón por la que sigo compartiendo recetas e ideas con todos. Hemos creado una comunidad muy especial y estoy superorgullosa del viaje que estamos haciendo juntos.

A Matthew, mi marido. Me cuesta encontrar las palabras adecuadas para darte las gracias por todo lo que haces en cada momento. La bondad sin fin y el ánimo que me infundes son algo increíble. Y es que no sólo escuchas y respaldas mis ideas, sino que además me ayudas a alimentarlas y a desarrollarlas, y me empujas a esforzarme en todo lo que hago. Me has dado la motivación para aspirar a algo más, para creer más en mí misma y —lo más importante— para ser la mejor persona que pueda llegar a ser. Por todo ello, te estaré siempre agradecida.

También quiero darle las gracias de todo corazón a nuestro equipo de Deliciously Ella y MaE Deli. Serena, Jess y Laura Kate: sois mi apoyo diario en Deliciously Ella y me encanta que compartamos nuestras cosas. No sé cómo agradeceros todo el trabajo duro, las sonrisas, la creatividad y la energía positiva que me demostráis, así como vuestra inmensa capacidad para probar y valorar a diario tantas y tantas recetas. Tampoco me olvido del equipo de MaE, que está llevando a cabo un extraordinario proyecto con Matthew y conmigo, que nos permite compartir mi filosofía con mucha más gente, algo que me llena de alegría. Isabella, Tom, Dan, Alan, Holly, Betty, Ed y Lorna... sois magníficos.

Gracias también a Cathryn, Gordy, Siobhan, Chekka y a toda la gente de WME que ayuda a Deliciously Ella. Vuestros consejos son inestimables y nunca hubiese podido convertir a Deliciously Ella en lo que es hoy en día sin vuestro apoyo y asesoramiento.

Liz, Louise, Vickie y el equipo de Yellow Kite y Hodder, muchas gracias a todos por creer en lo que hago. Significa muchísimo para mí contar con una editorial que comparte mi visión y cree de verdad en el mensaje que quiero hacer llegar a mis lectores. Trabajar juntos es un proceso increíble de colaboración y creación y convierte el libro en algo muy especial.

Por último, doy las gracias a Miranda, Clare, Rosie, Ellie, Polly y Lucy por el atractivo diseño del libro. Vuestro trabajo duro y vuestra imaginación han materializado mi visión mucho mejor de lo que podría imaginarme. Gracias a vosotras, las recetas lucen como nunca y espero que animen a mucha gente a cocinar. Gracias por ayudarme a compartirlo con todos del mejor modo posible.

Publicado por primera vez en el Reino Unido en el año 2017 por Yellow Kite, un sello de Hodder & Stoughton, grupo Hachette.

Título original: *Deliciously Ella with Friends*
Traducción del inglés de Jordi Trilla Segura

Copyright © Ella Mills, 2017
Copyright de las fotografías © Clare Winfield, 2016
Copyright de la edición en castellano © Ediciones Salamandra, 2017

Publicaciones y Ediciones Salamandra, S.A.
Almogàvers, 56, 7º 2ª - 08018 Barcelona - Tel. 93 215 11 99
www.salamandra.info

ISBN: 978-84-16295-10-4
Depósito legal: B-22.322-2017

1ª edición, octubre de 2017
Printed in Slovenia

Impresión y encuadernación:
GPS GROUP